하루에 돌아보는
우리 궁궐

하루에 돌아보는 우리 궁궐

1판 1쇄 발행 | 2010. 6. 7.
1판 7쇄 발행 | 2019. 12. 27.

글 | 손용해 허균 김효중 김보영
그림 | 심가인 이종호 윤혜원 정다이 이유나 허라영

발행처 김영사 | **발행인** 고세규
등록번호 제 406-2003-036호 | **등록일자** 1979. 5. 17.
주소 경기도 파주시 문발로 197(우10881)
전화 마케팅부 031-955-3100 | **편집부** 031-955-3113~20 | **팩스** 031-955-3111
사진 최이해 김원미 허균 이재형 고려대학교 박물관 서울시립대학교 박물관
　　　서울대학교 규장각 이화 박물관 주니어김영사

이 책의 저작권은 출판사에 있습니다. 출판사의 허락 없이 내용의 일부를 인용하거나
발췌하는 것을 금합니다.

값은 표지에 있습니다.
ISBN 978-89-349-3958-0 74900

좋은 독자가 좋은 책을 만듭니다. 김영사는 독자 여러분의 의견에 항상 귀 기울이고 있습니다.
독자의견전화 031-955-3139 | 전자우편 book@gimmyoung.com
홈페이지 www.gimmyoungjr.com | 어린이들의 책놀이터 cafe.naver.com/gimmyoungjr

---

어린이제품 안전특별법에 의한 표시사항
제품명 도서　제조년월일 2019년 12월 27일　제조사명 김영사　주소 10881 경기도 파주시 문발로 197
전화번호 031-955-3100　제조국명 대한민국　⚠️주의 책 모서리에 찍히거나 책장에 베이지 않게 조심하세요.

하루에 돌아보는
우리 궁궐

글 손용해 허균 김효중 김보영
그림 심가인 이종호 윤혜원 정다이 이유나 허라영

주니어김영사

차례

한눈에 보는 우리 궁궐 지도 **6**

조선 오백 년의 역사가 살아 숨쉬는 곳, 경복궁 **8**

조선 새로운 시대가 열리다 **10** / 한눈에 보는 경복궁 **12** / 조선 시대의 경복궁 가는 길 **14**
조선의 법궁 경복궁 **16** / 경복궁의 정문 광화문 **18** / 광화문의 세 친구 **20**
헐릴 뻔한 광화문을 살린 야나기 무네요시 **21** / 왕과 신하가 만나는 곳, 외전 **22**
왕을 만나기 위해 지나는 문들 **24** / 가장 으뜸이 되는 건물 근정전 **26**
경복궁을 지키는 동물들 **32** / 왕실 가족이 사는 곳, 내전 **36** / 왕이 생활하는 곳, 강녕전 **38**
왕비의 생활 공간 교태전 **40** / 한국의 후원, 화계 **41** / 대비의 생활 공간, 자경전 **42**
왕세자가 사는 곳, 자선당 **44** / 연회와 휴식의 공간, 후원 **46** / 하늘과 땅의 조화 경회루 **48**
향기로운 정자 향원정 **50** / 명성황후가 시해된 곳 건청궁 **52** / 경복궁이 빛나는 이유 **54**
나는 경복궁 박사 **56** / 견학 앨범 만들기 **60**

자연을 담은 궁궐 속으로, 창덕궁 **62**

창덕궁의 역사 **64** / 한눈에 보는 창덕궁 **64** / 창덕궁의 문과 전각들 **66**
창덕궁의 정문 돈화문 **70** / 금천교 돌다리 밑의 조각들 **73** / 나라의 큰 행사가 열리던 인정전 **74**
청기와 건물 선정전 **78** / 왕의 차를 보관했던 어차고 **79** / 한국식과 서양식이 만난 희정당 **80**
궁궐과 궁은 어떻게 다른가요? **81** / 왕비의 침전 대조전 **82** / 비운의 전각 낙선재 **86**
낙선재 뒤뜰과 상량정 **87** / 창덕궁의 아름다운 후원 **88** / 왕이 뱃놀이 하던 부용지 **90**
연꽃 향기 가득한 애련지 주변 **94** / 구조가 독특한 관람정과 존덕정 **97**
궁궐 속 사대부 집, 연경당 **98** / 풍류 놀이의 장소, 옥류천 **100** / 왕이 농사 짓던 청의정 **103**
창덕궁을 나서며 **104** / 나는 창덕궁 박사 **106** / 창덕궁 지도를 만들어보아요 **108**

🏵 조선의 역사가 깃든 궁궐, 창경궁 110

한눈에 보는 창경궁 112 / 창경궁 가는 길 114 / 소박한 궁궐, 창경궁 116 / 상처 입은 창경궁 118
창경궁의 정문, 홍화문 120 / 자연수가 흐르는 금천과 옥천교 122
나랏일을 하는 정치 공간, 외전 124 / 창경궁의 정전, 명정전 126 / 건물의 이름과 품격 128
학문의 전당, 숭문당 129 / 슬픈 역사가 깃든 문정전 130 / 바른 정치를 위한 어전 회의 133
하늘을 관찰하던 관천대 134 / 인재를 만나는 곳, 함인정 136 / 정조가 태어난 경춘전 138
두 왕비의 이야기가 서린 통명전 140 / 자경전 터 143 / 상처 투성이로 남은 창경궁 후원 144
창경궁을 떠나며 148 / 나는 창경궁 박사 150 / 궁궐 안내판 만들기 152

🏵 살아있는 근현대 역사의 현장, 덕수궁 154

열강의 침탈과 대한 제국 156 / 한눈에 보는 덕수궁 158 / 근대 역사의 문을 열다 160
덕수궁의 정전, 중화전 164 / 왕이 업무를 보던 편전, 석어당 170
광해군은 왜 다른 왕들처럼 '종'이나 '조'를 붙이지 않았나요? 174
침전과 편전으로 쓰인 함녕전과 덕홍전 175 / 황제의 휴식 공간, 정관헌 178
이화장에 들어 있는 일본의 음모! 181 / 서양식으로 지은 석조전 182 / 사라진 궁궐 경희궁 184
슬픈 역사의 현장을 돌아보고 186 / 나는 덕수궁과 정동 박사 188 / 대한 제국 역사 연표 만들기 190

🏵 격동의 개화기 현장 속으로, 운현궁 192

흥선 대원군과 개화기의 역사 194 / 흥선 대원군의 집, 운현궁 196 / 운현궁은 어떤 곳일까? 198
흥선 대원군의 권력이 있는 곳, 수직사와 솟을대문 200 / 노인을 편안하게 하는 집, 노안당 202
운현궁의 안채, 노락당 206 / 양가집 규수에서 왕비가 되기까지 210 / 두 노인을 위한 집, 이로당 212
정치적으로 대립하다 216 / 유물 전시관 218 / 흥선 대원군은 왜 외국에 문을 열지 않았을까? 220
운현궁을 떠나며 222 / 나는 운현궁 박사 224

정답 228

한눈에 보는 우리 궁궐 지도

서울은 세계적으로 궁궐이 가장 많은 도시예요. 조선의 5대 궁궐인 경복궁, 창덕궁, 창경궁, 덕수궁, 경희궁이 다 모여 있거든요. 다섯 궁궐에는 조선 왕조 500년의 역사가 고스란히 담겨 있어요. 이 궁궐들은 모두 산과 물이 어우러진 명당에 자리 잡고 조선 역대 왕과 왕비의 거처로 쓰이며 화려한 세월을 보내기도 했지요. 하지만 500년의 시간이 흐르는 동안 모진 풍파를 겪기도 했어요. 가까이 있지만 그동안 잘 알지 못했던 조선의 5대 궁궐과 근현대 역사의 중심에 서 있던 운현궁에서 조선 500년 역사의 현장을 둘러보세요.

5대궁 통합관람권
(구매일로부터 1개월 동안 사용)
7~18세 5,000원
19세 이상 10,000원

이런 순서로 돌아보아요!
❶ 경복궁 ⋯➡ ❷ 창덕궁 ⋯➡ ❸ 창경궁 ⋯➡
❺ 운현궁 ⋯➡ ❹ 경희궁 ⋯➡ ❻ 덕수궁

이 순서와 상관없이 맨 처음 둘러볼 궁궐을 정하고 가까운 곳으로 순서를 정해도 좋아요!

조선 오백 년의 역사가 살아 숨쉬는 곳,

경복궁

경복궁은 현재 남아 있는 조선 시대 5개의 궁궐 중에서 가장 으뜸이 되는 궁궐이랍니다. 이성계가 조선을 건국하면서 함께 세워졌지요.

그 뒤 500년 조선의 역사와 함께해 온 경복궁은 우리 문화유산을 대표하는 유적지 중 하나예요. 경복궁을 돌아보는 일은 이제 막 역사를 공부하기 시작한 여러분이 흥미롭고 재미있게 역사와 친해지도록 도와 줄 거예요. 경복궁에는 딱딱한 내용의 역사보다 흥미로운 궁궐의 이야기와 신비로운 상상의 동물들이 가득하거든요. 자, 이제 경복궁으로 들어가 볼까요?

미리 알아 두세요

관람 시간 3~5월 09:00~18:00 (17:00까지 입장)
6~8월 09:00~18:30 (17:30까지 입장)
9~10월 09:00~18:00 (17:00까지 입장)
11~2월 09:00~17:00 (16:00까지 입장)

경회루 특별 관람
4~10월 10:00, 11:00(주말), 14:00, 16:00

관람료 만 25세~만 64세 3,000원
문의 02)3700-3900
주소 서울 종로구 사직로 161
홈페이지 www.royalpalace.go.kr

가는 방법

지하철 3호선 경복궁역(5번 출구),
5호선 광화문역(2번 출구)
버스 경복궁, 광화문을 경유하는 버스를 이용하세요.

*관람 시간 및 관람료는 변경될 수 있으니 경복궁 홈페이지에서 다시 한 번 확인하세요.

조선, 새로운 시대가 열리다

조선이라는 나라는 누가 세웠을까요? 바로 이성계예요. 이성계는 고려 말 어지러운 사회를 수습하고 조선을 세웠어요. 그런데 오랫동안 고려의 수도였던 개경에 살고 있는 백성들은 새 나라 조선을 받아들이지 않았어요.

이성계는 차라리 도읍지를 옮겨 새롭게 나라의 기틀을 다져야겠다고 생각했지요. 무학대사와 정도전의 도움을 받아 한양으로 새 도읍지로 옮기고 새 왕조의 기틀을 다졌어요.

한양은 도읍지로 안성맞춤이었어요. 주위가 산으로 둘러싸여 있어 전

쟁이나 난리가 났을 때 방어하기 쉽고, 그 안은 평평하고 넓어서 많은 사람이 살기에 알맞았거든요. 또 가까운 곳에 한강이 흐르고 있어서 교통과 생활이 편리했지요.

이성계는 도읍지가 정해지자 먼저 종묘와 사직을 세웠어요. 종묘는 조상에게 제사를 지내는 사당이고, 사직은 땅의 신과 곡식의 신에게 제사를 드리는 제단이에요. 두 곳은 나랏일을 대표하는 중요한 장소였어요. 그리고 왕이 살 궁궐도 지었지요. 그 궁궐이 바로 경복궁이에요. 그 뒤 도읍지를 방어하기 위해 한양을 둘러싸고 있는 네 개의 산을 따라 도성을 쌓았어요.

이렇게 새 나라를 세우고, 도읍지의 모양을 갖춘 조선은 새로운 시대를 활짝 열었어요.

풍수지리상 도읍지에 알맞은 한양의 형세를 그린 지도예요. 북쪽에는 백악산, 남쪽에는 목멱산, 동쪽에는 타락산, 서쪽에는 인왕산이 한양을 보호하듯 둘러싸고 있어요.

*( )의 이름은 현재 쓰이는 이름이에요.

한눈에 보는 경복궁

경복궁의 안내도예요. 실제로 보면 정말 넓겠지요?
하지만 지금의 건물들은 본래 경복궁의 10분의 1밖에 남지 않은 것이랍니다.
일제 강점기와 한국 전쟁 중에 많은 건물들이 사라지거나 훼손되었거든요.
그동안 복원 공사를 거치면서 경복궁의 본모습이 많이 변했어요.
향원정 앞쪽에 후궁들의 처소이면서 연희의 공간인 함아당과 집성당이
다시 지어졌어요. 또 그동안 일반인 출입이 금지되었던 경복궁
맨 뒤 서북쪽이 공개되어 궁궐 도서관인 집옥재를 볼 수
있게 되었어요.
그럼 지금부터 왕이 어디에서 잠을 자고,
어디에서 책을 읽었고,
어디에서 신하들과 나랏일을
의논했는지 알아볼까요?

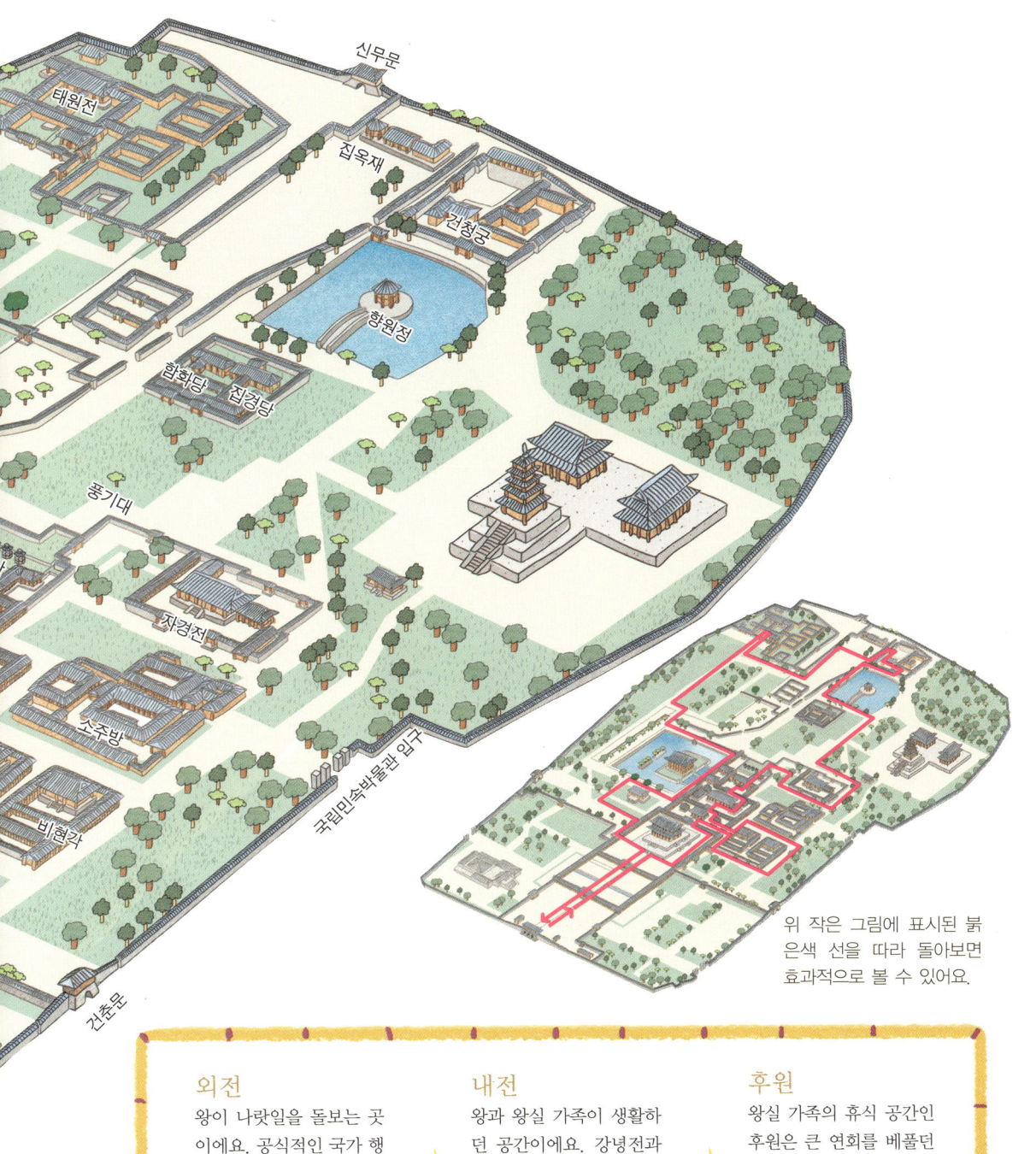

위 작은 그림에 표시된 붉은색 선을 따라 돌아보면 효과적으로 볼 수 있어요.

외전
왕이 나랏일을 돌보는 곳이에요. 공식적인 국가 행사나 조회가 이루어지는 근정전과 왕이 신하들과 함께 국가의 중요한 일을 보던 사정전이 있어요.

내전
왕과 왕실 가족이 생활하던 공간이에요. 강녕전과 교태전, 자경전이 있으며, 다음 왕위에 오를 왕세자가 머무는 자선당 등이 있어요.

후원
왕실 가족의 휴식 공간인 후원은 큰 연회를 베풀던 경회루, 자연미가 돋보이는 은은한 정자 향원정 등이 있답니다.

조선 시대의 경복궁 가는 길

경복궁으로 들어가는 첫 문은 광화문이에요. 오늘날에는 이 앞으로 아주 넓은 도로와 광화문 광장이 쭉 뻗어 있어요. 현재 세종로에는 정부청사, 문화관광부, 세종문화회관과 같은 큰 건물들이 양옆으로 늘어서 있지요. 이 거리는 조선 시대에는 주요 관청들이 있었던 행정과 정치의 중심 거리였답니다. 조선 시대 관리들은 '육

육조거리
육조거리는 아침마다 출근하는 신하들로 붐볐어요. 왕이 사는 경복궁과 곧바로 이어지는 이곳은 조선의 관청 거리였지요.

조거리'라 불린 이 거리를 따라 궁으로 출근했을 거예요. 우리도 광화문을 지나 경복궁으로 들어가 볼까요?

❷ 세종대왕 동상과 새로 만든 광화문 광장이 있는 세종로 거리예요. 조선 시대에는 이 거리를 육조거리라고 했어요.

❶ 해치
지금 광화문에 있는 해치는 원래 사헌부 앞에 있던 조각상이에요.

조선의 법궁, 경복궁

궁궐이란 어떤 곳일까요? 한자를 풀어 보면, 집 궁(宮), 대궐 궐(闕) 담장을 두른 집이라는 뜻이에요. 궐은 궁 문의 양 옆에 두 개의 망루가 있는 곳을 뜻해요. 경복궁의 높은 담장과 광화문 동쪽 끝에 있는 동십자각을 보면 알 수 있지요. 그러니까 궁궐은 건물과 담을 아우르는 낱말이지요.

궁궐은 왕과 왕실 가족이 사는 곳이에요. 그뿐 아니라 왕의 가족을 모시는 내관과 궁녀들도 살았답니다. 그러니 궁궐을 단순히 왕의 집이라고만 볼 수는 없지요. 궁궐에는 많은 관청들도 있어서 신하들이 그곳에서 나랏일을 돌보았거든요.

조선의 5대 궁궐

왕이 궁궐에서 가족들과 함께 살며 여러 가지 나랏일을 살폈어요. 그런데 불이 나거나 전쟁이 일어나 궁궐이 잿더미가 되면 왕이 살 곳이 마땅치 않게 되었지요. 그래서 필요에 따라 왕이 잠시 살 수 있는 궁궐을 지었어요. 법궁인 경복궁 이외에 창덕궁, 창경궁, 경운궁, 경희궁 등은 그런 필요에 따라 세워졌답니다.

경복궁
조선의 건국과 함께 세워진 법궁이에요. 임진왜란 때 불에 타 폐허가 되었다가 흥선대원군이 다시 지었답니다.

또 다른 궁궐, 이궁

조선에서는 **법궁**인 경복궁 말고도 다른 궁궐들을 지어 만약에 있을 여러 문제들을 대비했답니다.

조선의 법궁인 경복궁은 임진왜란 때 불에 타 사라졌어요. 조선 말 고종이 다시 세울 때까지 약 270여 년 동안 폐허였지요. 임진왜란이 끝난 뒤 선조는 경복궁의 터가 좋지 않아 임진왜란이 일어났다고 생각하며 경복궁을 다시 짓지는 않았어요. 선조는 임시로 경운궁에 살았고, 광해군 때에 경복궁 대신 창덕궁과 창경궁을 지었어요. 조선 초 창덕궁과 창경궁은 경복궁의 이궁이었지만 경복궁이 사라진 뒤에는 조선의 법궁 역할을 했어요.

법궁
임금님이 나랏일을 돌보며 주로 생활했던 궁궐이에요.

좋은 땅에 세워진 궁궐
궁궐은 아무 곳에나 짓지 않았어요. 풍수지리를 고려해서 좋은 땅에 도읍지를 정하고, 그 중에서도 가장 좋은 터를 잡아 세운답니다. 경복궁은 풍수지리상 좋은 백악산을 주산으로 삼고 세웠어요. 주산은 뒤쪽에 위치하여 주변을 감싸 안듯 능선이 이어지는 산을 뜻해요. '풍수지리'는 땅의 모양이나 바람과 물의 흐름, 그리고 방위의 좋고 나쁨을 따져서 사람에게 어떤 영향을 주는지를 연구하는 학문이랍니다.

창덕궁
태종이 지은 궁궐로 임진왜란 때 불에 타 광해군이 다시 지었어요. 경복궁이 불에 타 버리자 법궁의 역할을 했답니다.

덕수궁
임진왜란 때 모든 궁궐이 불에 타 사라지자 선조는 월산대군의 집이었던 이곳을 **행궁**으로 사용했어요. 1611년에 광해군이 경운궁이라 이름지었어요.

창경궁
1483년 성종이 대비들을 위해 수강궁을 고쳐 창경궁이라고 다시 이름지었답니다. 창덕궁이 법궁일 때 **이궁** 역할을 했어요.

경희궁
광해군 때 지어졌지만 일제 강점기에 너무 많이 훼손되어 지금은 흔적만 남은 쓸쓸한 궁궐이에요.

이궁
화재나 전염병을 대비해 지은 궁궐을 말해요.

행궁
멀리 나들이할 때 머물기 위해 지은 궁을 말해요.

경복궁의 정문, 광화문

경복궁의 정문인 광화문은 조선 5대 궁궐의 정문 중 가장 우람하고 으리으리해요. 하지만 광화문은 멋진 겉모습과는 달리 고난을 여러 번 겪었어요.
임진왜란 때 부서져 버렸다가 흥선 대원군이 다시 세웠고, 일제 강점기에는 일본

광화문
광화문은 박정희 대통령 때 철근과 콘크리트로 새로 세웠어요. 모양은 전통 건물이지만 재료는 전통적이지 않은 셈이었지요. 2006년 12월부터 원래 자리와 모습을 찾기 위해 복원 공사를 시작했고, 2010년 8월에 완공되었어요.

門化光

↑ 정문을 지키는 수호용

❶ 서쪽 문
무신들이 다니는 문

❷ 가운데 문
왕과 왕비만 다닐 수 있는 문

❸ 동쪽 문
문신들이 다니는 문

이 조선총독부 건물을 지으면서 광화문을 없애 버리려고 했지요. 하지만 당시 지식인들의 반대로 겨우 무사할 수 있었는데 원래 있던 곳에서 건춘문 북쪽으로 자리를 옮겨야 했어요. 그러다 한국 전쟁 때 폭격을 받아 누각은 날아가고 **석축**은 총에 맞아 상처를 입었지요.

그 후 광화문을 1968년에 경복궁 정문 위치로 다시 옮겼지만, 나무가 아닌 콘크리트 구조로 복원하는 과정에서 제자리를 찾지 못했어요. 지금의 광화문은 원래의 모습으로 제자리를 찾아 다시 복원한 것이에요.

 석축
돌로 쌓아 만든 벽이에요.

광화문
태조 때는 사정문으로 불렸어요. 그러다 세종 때 집현전 학자들에 의해 '광화문'이라는 이름을 얻게 되었어요. 광화문의 '광화'는 '광피사표 화급만방(빛이 사방을 덮고, 감화가 사방에 미친다.)'라는 말에서 따 온 것이랍니다.

광화문 천장의 문양들

❶ 서쪽 문 천장
무신이 드나들던 서쪽 문에는 파도를 헤쳐 가는 거북이가 그려져 있어요.

❷ 가운데 문 천장
왕이 드나드는 중앙 문에는 하늘을 나는 주작이 그려져 있어요.

❸ 동쪽 문 천장
문신이 드나들던 동쪽 문에는 구름 속 나는 기린이 그려져 있어요.

동십자각
광화문을 중심으로 동쪽과 서쪽에 각각 동십자각과 서십자각이 있었어요. 그런데 서십자각은 일본 사람들이 길을 넓힌다며 헐어 버렸어요. 동십자각은 무사했지만 광화문의 위치가 틀어지면서 지금처럼 경복궁 담장과 떨어지게 되었답니다.

궁궐 담
본래 궁궐의 담은 감히 누구도 넘볼 수 없을 정도로 높았어요. 그러나 지금은 담장 너머로 경복궁 안이 훤히 내다보여요. 복원하면서 낮아졌지요.

 해치
나쁜 짓을 한 사람을 뿔로 받아 버리거나 물어 버린다는 상상 속의 동물이에요. 원래 관리들의 잘잘못을 가리는 사헌부를 상징해서 사헌부 건물 앞에 있었어요. 그러다 일제 강점기에 광화문 앞으로, 그리고 광화문 앞 도로를 넓히면서 지금의 자리로 오게 되었어요. '해태'라고도 했지요.

*본래 광화문에서 동십자각까지는 긴 담장이지만 이 책에서는 지면 상 약식으로 표현했습니다.

광화문의
세 친구

경복궁에는 광화문 말고도 세 개의 문이 더 있어요. 각기 동서남북을 향해 사방에 서 있지요. 남문이자 정문인 광화문, 동쪽을 향한 건춘문, 서쪽을 향한 영추문, 북쪽을 향한 신무문 등이에요. 봄을 상징하는 건춘문에는 동쪽 하늘의 수호신인 청룡이 천장에 그려져 있고, 여름을 상징하는 광화문에는 남쪽 하늘의 수호신인 주작이 천장에 그려져 있지요. 또 가을을 상징하는 영추문에는 서쪽 하늘의 수호신인 백호가 천장에 그려져 있고, 겨울을 상징하는 신무문에는 북쪽 하늘의 수호신인 현무가 천장에 그려져 있답니다.

영추문

신무문

건춘문

여기서 잠깐

해치의 특징을 찾아보세요!

해치를 자세히 살펴보고 아래의 특징들을 찾아 사진에 동그라미 해 보세요.

① 목에 걸린 커다란 방울   ② 커다랗고 귀여운 발톱
③ 복슬복슬한 털

헐릴 뻔한 광화문을 살린 야나기 무네요시

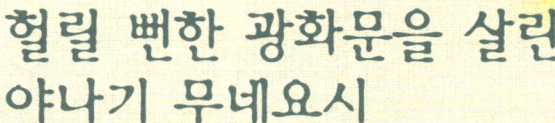

  1910년부터 1945년까지 우리나라가 일본에 강제로 점령당한 일제 강점기 동안 우리나라의 많은 문화유산들이 일본인들의 손에 약탈당하고 훼손되었지요. 경복궁도 예외는 아니었답니다. 1926년 일본은 조선총독부를 완공하면서 광화문을 헐어 버릴 계획을 세웠어요. 경복궁의 정문인 광화문이 조선총독부를 가렸다는 이유로 말이지요. 그러나 야나기 무네요시*라는 일본인의 글이 많은 사람의 입에 오르내리면서 광화문은 헐릴 위기를 넘겼지요. 일본인이었지만 민족과 국경을 초월해 문화유산을 소중히 여겼던 야나기 무네요시의 글을 읽어 볼까요?

* 야나기 무네요시(1889~1961년)는 조선의 예술과 문화를 사랑했던 일본의 미술 평론가랍니다.

  광화문이여, 광화문이여, 너의 목숨이 이제 경각에 달렸구나. 네가 지난날 이 세상에 있었다는 기억이 차가운 망각 속으로 묻히려 하고 있다. 이를 어찌하면 좋단 말인가? 나는 지금 어찌할 바를 모르겠구나. 비정한 끌과 무정한 망치가 너의 몸을 조금씩 파괴하기 시작할 날이 멀지 않았다. 이 일을 생각하면 가슴 아파할 사람이 대단히 많을 것이다. 그러나 아무도 너를 구할 수는 없다. 불행하게도 너를 구할 수 있는 사람은 너의 일을 슬프게 생각하지 않는 사람들이다.
  광화문이여, 너의 존재는 얼마 안 가서 빼앗기고 말 것이다. 그러나 빼앗겨서는 안 될 존재를 위하여 나는 이 글을 쓰고 있다. 그리하여 나는 진하고 선명한 묵으로 쓰고 또 쓰는 일을 게을리하지 않을 것이다. 이 지상의 시야에서 너의 모습을 볼 수 없게 될지라도 나의 이 글은 적어도 지상의 어느 곳엔가에는 전파될 것이다. 나는 뿌리 깊게 너를 기념하기 위하여 이 추도문을 대중 앞에 보내는 것이다. 광화문이여, 사랑하는 친구여!
  경복궁을 잃는다는 것은 한성(서울의 옛 지명)의 중심을 잃는 것과 같다. 저 왕궁보다도 정확한 형식과 위대한 규모를 지닌 것은 조선 어디에서도 찾을 수가 없다. 그것은 조선 건축의 대표이며, 규범이며 정신이 아닌가? 정치는 예술에 대해서까지 무분별해서는 안 된다. 예술을 침해하는 권력의 행사는 삼가라. 자진해서 예술을 옹호해 주는 것이 위대한 정치가 해야 할 일이 아닌가. 우방을 위해서, 예술을 위해서, 도시를 위하여, 더욱이 그 민족을 위하여 저 경복궁을 구하고 세우라. 용서해 다오! 나는 죄짓는 자 모두를 대신해서 사과하고 싶다. 나는 그 증표로 삼고자 지금 붓을 든 것이다.

* 이 글은 1922년 9월 호 《개조》에 실린 〈사라지려 하는 한 조선 건축을 위해서〉라는 글의 일부분이에요.

왕과 신하가 만나는 곳, 외전

쉿, 여기서부터는 마음을 경건하게 가다듬어야 해요. 왕을 만나러 가는 길이거든요. 하지만 아직도 몇 개의 문을 더 지나야 해요. 이 문들을 지나면 경복궁의 핵심 공간인 외전이 있답니다. 외전에서는 왕과 신하가 나랏일을 돌

무신들
무예가 뛰어난 무신은 왕과 마주보았을 때 왕의 왼쪽 자리에 섰답니다.

보았던 곳이에요. 궁궐의 정전인 근정전과 그 앞마당인 조정에서는 왕의 즉위식이나 가례, 외국의 사신 접견들의 공식 행사가 이루어졌지요. 왕이 신하들과 함께 조회를 가지는 장소이기도 했어요. 그리고 왕의 집무실이었던 만춘천과 사정전, 원래는 집현전이었던 수정전을 볼 수 있어요.

이곳을 둘러보면서 나라를 위해 바쁘게 일했던 왕과 신하들의 모습을 상상해 보세요.

저기 좀 봐! 신하들이 모두 모여서 왕의 즉위식을 치루고 있어!

문신들
문예가 뛰어난 문신은 왕과 마주보았을 때 왕의 오른쪽 자리에 섰답니다.

왕의 즉위식
새로운 왕이 왕위에 오를 때에는 즉위식을 거행해요. 이때에는 신하들이 경복궁 근정전 앞마당의 정해진 자리에 서서 새로운 왕을 맞이해요. 웅장한 음악이 흐르고, 왕은 근정문을 통해 들어와 왕이 다니는 길을 걸어서 근정전에 오릅니다. 이 그림은 왕위 즉위식을 상상해 그린 거예요.

왕을 만나기 위해
지나는 문

광화문을 들어서면 넓은 광장이 있어요. 조선 시대의 관리들은 여기서부터 왕을 만나기 위해 마음의 준비를 했지요. 여러분도 지금부터 왕을 만날 준비를 해 보세요.

흥례문

흥례문

흥례문은 궁으로 들어가는 두 번째 문이에요. 정전에 이르려면 광화문, 흥례문, 근정문을 순서대로 지나야 하지요. 광화문과 흥례문 사이의 넓은 광장에서는 궁성문 개폐식과 수문장 교대 의식이

여기서 잠깐 수호 동물을 찾으시오!

흥례문을 지나서 근정문에 다다르기 전에 다리 하나가 있어요. 바로 영제교예요. 북쪽에 있는 백악산에서 흘러내린 물이 서쪽에서 동쪽으로 흐르면서 이곳에 금천을 만들었답니다. 금천은 왕이 있는 곳과 그 밖을 가르는 아주 중요한 역할을 했어요. 이를 말해 주듯 이곳에는 나쁜 기운이 흥례문 안으로 들어가지 못하게 수호 동물들이 지키고 있답니다.
어디에 있는지 한번 찾아보세요. 몇 마리인가요?

내가 어디 있는지 찾아봐!

날마다 펼쳐져요. 궁궐을 지키는 군사들이 정해진 순서에 따라 광화문을 여닫고 궁궐을 호위하는 역할을 재현한 것이지요. 흥례문은 한동안 홍례문으로 불렸어요. 그러다 고종 때 흥선 대원군이 경복궁을 새로 지으면서 세종 때 지은 흥례문이라는 원래 이름을 찾아 주었지요.

조선총독부가 헐리고 세워진 흥례문

흥례문과 그 옆으로 이어진 담 일대는 일제 강점기 때 조선총독부 건물이 생기면서 사라졌던 곳이에요. 그러다 조선총독부 건물을 헐고 복원공사를 거쳐 2001년에 완성되었어요. 새로 지어진 지 얼마 되지 않아 주변을 둘러싼 행각과 흥례문의 단청이 매우 선명하고 화려하답니다.

근정문

영제교를 지나면 근정전으로 가는 근정문이 나와요. 근정문은 정치가 시작되는 의미있는 장소예요. 조회, 사신 접대, 즉위식, **가례**, **교서** 반포 등이 행해지는 근정전으로 이어지는 문이거든요.

🏯 **가례**
왕의 즉위나 결혼 등의 예식을 말해요.

🏯 **교서**
왕이 백성에게 보내는 나랏일의 여러 가지 의견을 말해요.

월화문
무신이 드나들던 문이에요.

일화문
문신이 드나들던 문이에요.

가장 으뜸이 되는 건물
근정전

궁궐을 지키는 서수
근정전 월대에는 궁궐을 수호하는 동물들이 많이 조각되어 있어요. 그 중에는 온가족이 동원된 동물도 있답니다. 바로 서수 가족이에요. 상상의 동물인 서수는 근정전 앞 양옆에서 부부가 함께 새끼까지 데리고 와서 궁궐을 지키고 있지요.

조하
기념할 만한 날에 신하가 입궐하여 왕에게 축하를 드리는 것을 말해요.

대례
왕과 신하가 함께하는 중대한 의식을 말해요.

근정전은 경복궁의 정전이에요. 정전은 가장 으뜸이 되는 건물이라는 뜻이지요. 왕이 신하들의 조하를 받고, 공식적인 대례를 거행하고, 외국의 사신을 맞이하는 일들이 이곳 근정전과 앞마당에서 이루어졌어요. 그래서 경복궁 안에서 가장 규모가 크고 격식도 잘 갖추고 있어요. 근정전 건물은 2단으로 된 높은 월대 위에 2층 건물로 위풍당당하게 서 있지요. 그럼 국보 223호로 지정되어 있는 근정전의 멋진 모습을 자세히 살펴보아요.

근정전과 앞마당인 조정의 모습이에요.

근정전에 숨어 있는 보물들

근정전은 경복궁의 중심 건물인 만큼 볼거리가 많아요. 아래 사진의 물건들을 근정전 주변과 앞마당에서 직접 찾아보세요.

❶ 잡상
지붕 위의 잡상은 그 건물에 사는 사람을 보호해 준다는 수호신이에요. 중국 소설 《서유기》에 나오는 삼장법사와 손오공, 사오정, 저팔계 그리고 그들을 따르는 무리들을 본떠 만든 흙 인형이랍니다.

❷ 정
왕권을 상징하는 것이에요. 근정전에서 중요한 예식이 거행될 때, 왕이 정전 안의 어좌에 오르면 이곳에 향을 피웠다고 전해지기도 해요.

❸ 어도와 신도
근정전 앞마당 가운데를 자세히 보면 세 갈래의 길이 있어요. 이 중 정가운데 길은 왕이 다니는 '어도'이고, 양옆은 신하들이 다니는 '신도'랍니다.

❹ 품계석
직급 별로 신하들이 서는 위치를 나타내 주는 푯돌이에요.

❺ 월대
근정전 앞에 이층으로 쌓은 기단을 월대라고 해요. 건물의 위치를 높여 더욱 더 크고 웅장하게 보여 준답니다.

❻ 답도의 판석
월대를 오르는 계단 가운데에 마련된 사각형 돌이에요. 여기에는 봉황 무늬가 새겨져 있어요. 가마가 지나는 길이란 뜻이에요. 이 봉황은 어진 임금이 다스리는 평화로운 세상에 나타난다는 상상 속의 동물이랍니다.

박석
조정에 깔아 놓은 돌을 박석이라고 해요. 다듬지 않고 자연스럽게 깎은 돌이 오히려 근정전의 품위를 살려 준답니다.

쇠고리
아주 더운 여름 날이나 비가 오는 날에는 강렬한 햇빛을 가리거나 비를 막기 위해 천막을 쳤어요. 이것은 그 천막을 고정시키는 쇠고리랍니다.

드므
궁궐의 건물은 나무로 지었기 때문에 잘못해서 불이 나면 큰일이겠지요? 그래서 이렇게 드므에 물을 담아 두었답니다. 그런데 고작 이 정도의 물로 불길을 잡을 수 있을까요? 드므는 실제로 불을 끄기 위한 물이라기보다는 상징적인 소화기라고 할 수 있어요. 불귀신이 건물 옆에 담긴 물을 보고, 아예 불을 지를 생각을 못하도록 갖다 놓았지요.

우아! 근정전 주변은 정말 볼거리가 많은데!

왕의 위엄을 한껏 살린 근정전

근정전 건물은 매우 웅장해 보여요. 그런데 2층일까요, 1층일까요? 안을 들여다보면 알 수 있어요.

근정전은 천장을 높게 만든 1층 건물이랍니다. 이렇게 천장을 높게 지은 것은 왕의 위엄을 살리기 위해서랍니다. 근정전 내부는 화려한 단청들이 한껏 아름답게 꾸며 주고 있어요. 이제 천장을 볼까요? 천장에는 황룡 두 마리가 조각되어 있답니다. 이 황룡은 세상의 중심, 즉 왕을 상징한답니다. 그런데 이 황룡의 발가락이 일곱 개예요. 그래서 이 황룡을 일컬어 '칠조룡'이라고 해요. 강력한 왕권을 상징하는 조각이지요.

근정전 천장에 새겨 놓은 황룡 두 마리

일월오봉병

어좌 뒤에 그려져 있는 일월오봉병은 왕을 상징하는 그림이에요. 하늘의 해는 왕, 달은 왕비, 다섯 봉우리는 우리의 땅을 가리키며, 푸른 소나무는 충신, 그리고 바다는 바닷물과 같이 많은 백성들을 상징한답니다. 이웃의 왕권 국가인 중국, 일본, 베트남 등지에는 없는 우리나라의 고유한 상징이에요.

근정전을 받치고 있는 월대

근정전 월대에는 동서남북의 수호신인 청룡, 백호, 주작, 현무가 있고, 개와 돼지를 제외한 십이지신의 동물들 그리고 서수라고 불리는 동물들이 조각되어 있어요. 이 동물들은 근정전과 왕을 수호하기 위해 상징적으로 마련해 놓은 것이에요. 어떤 동물들이 있는지 만나볼까요?

근정전을 받치고 있는 월대

근정전을 떠받치고 있는 월대에는 왕을 보호하는 동물들이 사방으로 배치되어 있어요. 이 동물들은 십이간지 동물들과 사신들이에요. 그런데 십이간지 동물 중에서 뱀과 호랑이는 상스러운 짐승이라고 여겨서 월대의 수호 동물로 선택되지 않았어요.

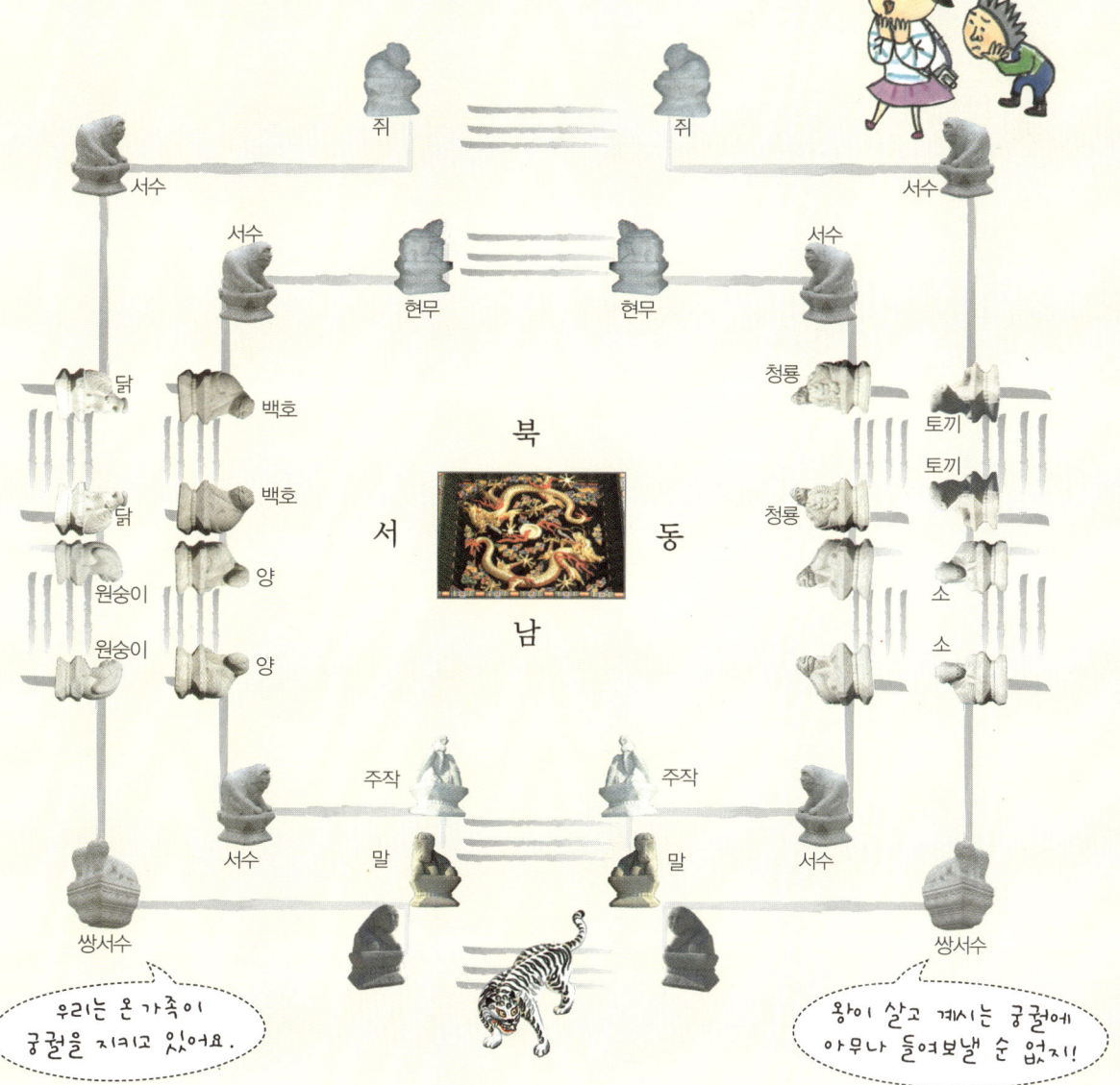

사방행각
동서남북 사방으로 근정전을 에워싸고 있어요.

근정전을 에워싼 사방행각

근정전을 돌아본 뒤 월대 위에서 잠시 사방을 둘러보세요. 지붕이 덮여 있는 긴 건축물이 바로 근정전을 사방에서 에워싸고 있는 행각이에요. 이렇게 행각이 둘러싸고 있는 공간이 바로 왕과 신하들이 조회를 하는 조정이지요. 행각은 주로 사람들이 지나다니는 통로였지만 어떤 때에는 칸을 막아 물건을 보관하는 공간으로도 쓰였어요. 이렇게 근정문을 중심으로 사방으로 에워싼 행각은 근정전을 더욱 돋보이게 해요. 그래서 보물(812호)로 지정해 관리하고 있답니다. 행각을 돌아보면서 원과 네모로 된 행각 기둥의 주춧돌을 살펴보는 것도 재미있어요.

📖 **행각**
집을 둘러싸고 있는 집채를 뜻해요.

단청을 왜 칠할까요?

이제는 근정전의 처마를 올려다보세요. 매우 화려한 느낌이 들지요. 그건 왜일까요? 가장 큰 이유는 **단청** 때문일 거예요. 단청이 칠해진 건물은 궁궐과 사찰에서만 볼 수 있지요. 그런데 단청은 왜 칠하는 것일까요?

단청을 칠하면 나무로 세워진 건물을 보호할 수 있기 때문이랍니다. 단청을 칠하면 바람이나 비에 나무가 직접 닿지 않아서 훼손되는 것을 막을 수 있거든요. 또 다른 이유는 건물의 권위를 높이기 위해서예요. 단청은 나무 색보다 위엄 있고 화려하게 보이거든요.

📖 **단청**
궁궐이나 사찰의 건물에 여러 가지 빛깔로 그린 그림이나 무늬를 말해요.

근정전의 화려한 단청

여기서 잠깐

근정전에서 멋진 사진을 찍어 보세요!

주위를 둘러보세요. 많은 사람들이 근정전을 배경으로 사진을 찍고 있지요? 그런데 어떻게 하면 근정전의 멋진 모습을 제대로 담을 수 있을까요?

❶ 근정전을 배경으로 카메라 가까이에서 상반신만 찍어요.

❷ 정면보다는 옆에서 전신을 찍어요.

❸ 사방행각에서 근정전을 배경으로 찍어요.

작은 걸음 큰 생각
경복궁을 지키는 동물들

우리는 경복궁을 지키는 동물들이에요. 경복궁을 돌아다니다 보면 곳곳에서 우리를 만날 수 있지요. 어떤 동물들이 있는지 한번 만나 보세요.

황룡
세상의 중심은 나, 나는 곧 왕을 상징하는 동물이야. 그래서 근정전 천장에 새겨져 있지. 나보다 더 귀한 동물 있어?

백호
담장을 넘어 오는 나쁜 귀신들을 어떻게 할까? 나는 나의 용맹스러움으로 왕과 왕실 가족을 보호하고 있다고!

현무
다들 시끄러워. 잠 좀 자자! 너희가 아무리 떠들어 봐야 내가 궁궐의 뒷문을 지키지 않으면 소용없단 말이지.

박쥐
뭐 하나도 잘난 녀석들이 없구만. 난 상상의 동물은 아니지만 행복을 가져다 준단 말이야.

봉황
나는 태평성대를 이루면 나타나는 새라는 거 다들 알지? 내가 나타나면 지금의 임금님이 지혜로운 왕임을 증명하는 거지. 나보다 소중한 동물 있어?

왕의 집무실, 사정전

근정전을 둘러보고 뒤로 돌아가서 사정문을 지나면 사정전이 나와요. 근정전이 왕과 신하의 공식적인 행사 장소라면 사정전은 왕이 편히 앉아서 나랏일을 보는 집무실이지요. 이곳을 편전이라고도 해요. 왕은 이곳에서 신하들과 **경연**을 하거나 이야기를 나누고, **상소**를 보고 받기도 하지요.

📖 **경연**
왕과 신하들이 모여서 책을 읽고 공부하는 것을 말해요.

📖 **상소**
임금에게 글을 올리는 일을 말해요.

사정전 안에는 가운데에 어좌가 있고, 그 위에는 웅장한 운룡도 그림이 그려져 있지요. 구름 속에 움직이는 용이 마치 살아 꿈틀대는 것 같아요. 용은 임금, 구름은 신하를 상징해요. 임금과 신하가 더불어 나라를 잘 다스리기 바라는 뜻이 담겨 있어요.

사정전
사정전에서 '사정'이라는 말은 '왕은 깊게 생각하여 옳고 그름을 따져 나랏일을 해야 한다.'는 뜻을 갖고 있어요. 이곳에서 왕이 현명한 정치를 하라는 뜻이었지요.

편전에서 집무를 보는 왕

그런데 사정전 건물 양옆으로 특별 집무실이 있어요. 동쪽 건물은 만춘전이고, 서쪽 건물은 천추전이에요. 사정전은 마루방이기 때문에 겨울에는 추웠어요. 그래서 겨울에는 온돌이 있는 만춘전이나 천추전으로 옮겨서 나랏일을 보았다고 해요.

운룡도

집현전이었던 수정전

이 일대를 돌아보며 빼 놓을 수 없는 건물이 하나 있어요. 바로 수정전이에요. 편전의 서쪽, 그러니까 경회루 연못 남쪽에 있는 수정전은 고종 때 경복궁을 다시 지으면서 세운 건물이에요. 이곳은 세종 때는 집현전이었던 자리랍니다. 가까이 가서 살펴볼까요? 널따란 5단 월대 위에 서 있는 수정전은 지붕의 잡상 숫자도 5개나 되며, 규모도 40칸에 달해요. 당시에는 꽤 위엄 있는 건물이었지요. 1867년에 복원된 뒤 처음에는 고종이 사용하다가 그 다음에는 여러 용도로 쓰였답니다.

집현전은 어떤 곳일까요?

집현전에서는 집에 관한 옛 제도를 조사하거나 외교 문서를 쓰거나 약초를 조사하는 등 다양한 연구와 편찬 활동이 이루어졌지요. 집현전 학자들은 왕을 교육하는 경연관, 왕세자를 교육하는 서연관, 역사를 기록하는 사관의 임무도 해냈어요. 훈민정음도 이 집현전 학자들의 노력으로 창제되었지요.

수정전

왕실 가족이 사는 곳, 내전

왕과 왕비가 머무는 곳인 내전은 왕과 왕실 가족의 생활 공간이에요. 이곳에는 아무나 들어올 수가 없답니다. 왕의 침전*인 강녕전, 왕비의 침전인 교태전, 그리고 대비의 침전인 자경전

과 왕세자가 생활을 하는 자선당이 있지요. 지붕 중앙을 가로지르는 것을 용마루라고 해요. 용마루의 용은 곧 왕을 상징하지요. 그런데 침전인 강녕전과 교태전에는 용마루를 만들지 않았답니다. 지붕에서 용마루가 누르고 있으면, 또 다른 용인 왕세자가 태어나는 데 방해가 된다고 여겨 용마루를 만들지 않았답니다.

* 침실 공간, 즉 잠을 자고 휴식을 취하는 곳을 말해요.

왕이 생활하는 곳, 강녕전

지금부터 왕이 생활하는 곳을 돌아볼 거예요. 왕과 왕비는 같은 곳에서 함께 살지 않고 서로 독립된 공간을 갖고 있었어요. 그중 왕이 생활하는 곳이 강녕전이에요. 이곳에서 왕은 하루의 일과를 마치고 휴식을 취하기도 하고, 가족이나 친척을 불러 연회를 베풀기도 하고, 신하를 불러 조용히 나랏일을 의논하기도 했어요.

현재 경복궁에 남아 있는 강녕전은 1995년에 복원한 것이에요. 원래의 건물은 일제 강점기 때 창덕궁으로 자리를 옮겨 버렸어요. 1918년 창덕궁에서 왕의 침전으로 쓰이던 희정당에 화재가 발생했어요. 그러자 일본은 1920년

하루를 마감하는 왕
왕의 공식적인 업무는 밤 11시면 모두 끝이 났지만 바로 잠자리에 드는 건 아니에요. 특히 성군이었던 세종은 잠자는 시간까지 아껴 책을 읽었다고 해요.

강녕전

에 희정당을 복원하면서 경복궁의 강녕전을 헐어다가 그 자리에 세워 버렸어요. 희정당을 새로 세울 돈이 없다는 이유였지요. 그러니까 지금

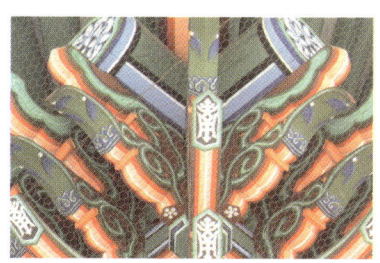

부시
이 그물은 조선 시대부터 씌워 놓았어요. 새들이 처마 밑에 집을 지을 수 없도록 하기 위한 장치였지요.

삼지창
그물을 치기 힘들 때에는 처마 밑에 '삼지창'을 꽂기도 했어요.

의 창덕궁 희정당이 바로 경복궁에 있던 강녕전 건물이랍니다.

경복궁의 강녕전을 들여다보면 가운데는 마루방이고 좌우측에 온돌방이 있어요. 가운데에 왕과 왕비가 잠을 자고 그 주변을 상궁 나인들이 지키는 모양새였지요. 그리고 또 하나 특이한 점은 강녕전에는 가구가 없었다는 거예요. 가구는 왕의 생명을 위협하는 무기로 쓰일 수 있기 때문이었어요. 이처럼 왕이 생활하던 곳은 다른 공간하고는 많이 달랐습니다.

왕을 높이는 낱말

조선 시대에 왕은 하늘과 같은 귀한 분이라고 여겼기 때문에 왕에게만 쓰는 말이 따로 있었어요. 왕의 몸은 옥체, 얼굴은 용안, 눈은 안정, 눈물은 안수, 콧물은 비수, 입술은 구순, 손톱은 수지, 피는 혈, 대변은 매화, 방귀는 매화향, 옷은 용포, 식사는 수라, 의자는 용상이라고 불렀고, 왕족을 부를 때에는 마마를 붙였어요.

여기서 잠깐

잡상의 숫자를 세어 보시오!

궁궐 건물의 추녀마루 끝 부분에 '잡상'이라는 짐승들의 조각이 있어요. 예부터 중요하고 의미가 있는 건물일 경우, 이 잡상을 많이 만들어 놓았어요. 근정전에는 7개, 숭례문에는 9개, 경회루에는 11개가 있지요. 강녕전의 잡상은 모두 몇 개일까요?

(   )개

강녕전의 잡상

왕비의 생활 공간, 교태전

교태전

교태전은 궁궐에서 가장 깊숙하고 중심이 되는 위치에 있어서 가운데 중(中) 자를 써서 '중궁전'이라고도 했어요.

교태전에는 왕비가 왕자나 공주를 낳기 위한 방이 별도로 마련되어 있어요. 뒷마당으로 잇대어 있는 건순각이 그곳이랍니다. 이곳을 지나 북쪽 후원으로 향하는 문의 이름도 건순문이에요. '건강하게 순산하라.'는 뜻이 담겨 있어요.

사실 이곳은 풍수지리적으로 매우 중요한 자리예요. 백두산에서 시작된 좋은 기운이 백두대간을 타고 흘러 북한산 보현봉에 이르렀다가 서울의 주산인 백악을 타고 내려와 교태전 바로 뒤쪽에 있는 아미산에 다다르지요. 바로 그 중요한 자리에 왕비의 침전인 교태전이 있고, 그 맥이 뛰는 곳에 건순각이 있답니다.

교태전도 강녕전과 같은 이유로 일제 강점기 때 창덕궁으로 옮겼지요. 그러니까 지금의 창덕궁 대조전이 원래 경복궁 교태전이었답니다. 지금 경복궁에 있는 교태전은 1995년에 새로 세운 것이에요.

아기자기하고 화려한 교태전의 꽃담

작은걸음 큰 생각
한국의 후원, 화계

　우리나라는 예부터 좁은 공간에서 풍성한 자연을 보여 주기 위해 화계(계단식으로 꾸민 화원)로 후원을 가꾸었어요. 교태전 뒤편에 꾸며 놓은 화계가 대표적인 예이지요. 이곳이 바로 백두산의 좋은 기운이 다다른 '아미산' 이에요. 중국에서 가장 아름답고 신비하다는 산의 이름을 빌려온 것이지요. 이 화계에는 교태전의 굴뚝들이 연결되어 있어요. 이 육각형 굴뚝에는 아름다운 그림과 문양이 새겨져 있어요.

　굴뚝에 새겨 놓은 문양들은 교태전의 꽃담과 같은 모양이에요. 자세히 들여다보면 사군자와 십장생이 조화를 이루고 있지요. 아미산에는 여러 가지 꽃과 나무, 호수나 연못을 상징하는 모양의 돌 함지박을 놓아서 계절의 변화를 느끼게 했어요.

　마치 자연을 옮겨다 놓은 듯한 이런 여러 가지 장치들은 궁궐에서 좀처럼 밖으로 나갈 수 없는 왕비를 위한 배려랍니다.

굴뚝

석련지
동그란 부분에 조각된 것은 두꺼비 상이에요. 후원에서 찾아 보세요.

낙하담
'노을이 떨어지는 깊은 연못' 이라는 뜻이에요.

굴뚝이 있는 아미산
아미산의 굴뚝은 건물에 붙어 있지 않고 뚝 떨어져 있어요. 이는 화재를 막고 아름답게 꾸며 주기 위해서랍니다.

대비의 생활 공간, 자경전

교태전의 동북쪽에 자리하고 있는 자경전은 흥선 대원군이 경복궁을 다시 세우면서 고종의 양어머니었던 신정왕후를 위해 지은 건물이에요. 그런데 지은 지 얼마 되지 않아 불에 타서 1888년(고종 25년)에 새로 지었답니다.

이곳에는 아름다운 꽃담이 있어요. 서쪽 담장을 보면 바깥쪽은 매화, 천도(복숭아), 모란, 대나무, 나비, 연꽃 등을 색깔 있는 모양 벽돌로 꾸몄고, 안쪽은 만수 문양, 격자 문양 등을 세밀하게 새겨 넣었어요.

자경전
총 44칸 규모의 건물로 주변에 수십 개의 담장과 문이 있었지만 대부분 없어졌어요. 경복궁 안에 단 하나 남아 있는 대비전이에요.

십장생 굴뚝에 담긴 마음

자경전 북쪽에는 담장과 굴뚝을 서로 붙어 있게 쌓았는데, 화려한 볼거리가 많답니다. 또 굴뚝을 담장에 붙여 놓아 마치 담장의 일부인 것처럼 보이게 했어요. 이 십장생 굴뚝은 대비 마마가 건강하게 오래 살기를 바라는 마음으로 만들었답니다.

굴뚝
양 옆에 박쥐가 있어요. 박쥐는 중국어로 '행복'과 같은 발음이에요. 그래서 조선 시대에는 박쥐를 행복을 상징하는 동물로 여겼어요.

담장

십장생도
오래 살기를 바라는 마음으로 해·산·물·돌·구름·솔·불로초·거북·학·사슴의 열 가지를 그린 그림이에요.

불가사리
굴뚝의 불가사리는 쇠와 불을 먹는 상상의 동물이에요. 그래서 굴뚝에 불가사리를 새기면 불이 나지 않는다고 생각했답니다.

아름다운 자경전의 꽃담

국화 꽃송이, 모란, 대나무, 매화 꽃 등을 표현한 꽃담을 보면 마치 꽃밭에 있는 것 같아요.

아기자기한 꽃 모양의 담
붉은 벽돌과 흰 빛이 나는 흙이 조화롭게 대비되면서 자경전의 담 분위기를 한층 은은하게 살립니다.

글자가 새겨진 담
'만수복강녕' 글자를 넣어 대비의 만수무강을 기원했어요.

국화

모란

대나무

매화

왕세자가 사는 곳, 자선당

왕세자는 왕위를 이을 왕자예요. 그래서 왕세자가 사는 곳을 왕의 집무실인 사정전 옆에 지었어요. 정치가 어떻게 이루어지는지를 가까이에서 보고 배우라는 뜻이었지요. 자선당이라고 부른 이곳은 경복궁의 동쪽 부분에 있어서 **동궁**이라고도 했어요. 자선당 바로 옆에는 왕세자가 스승과 함께 공부를 하고 나랏일을 배우던 비현각이 있답니다. 비현은 '크게 드러나다.' 라는 말로, 열심히 공부해 훌륭한 왕이 되라는 뜻을 담고 있어요.

경복궁이 처음 세워졌을 때에는 동궁이 따로 없었어요. 그러다 세종 때 새로 지었지요. 자선당에서는 문종이 세자 시절에 단종을 낳았고, 고종 때 경복궁을 다시 세운 뒤에는 순

동궁
왕세자는 왕이 죽으면 왕위를 이어야 할 사람이기에 떠오르는 해에 비유했어요. 그래서 해가 뜨는 동쪽에 세자가 생활하는 건물을 짓고 이름도 동궁이라고 했지요.

자선당
세자와 세자빈의 침전이에요. 자선이란 '착한 성품을 기른다.' 는 뜻이랍니다.

여기가 바로 왕세자가 살던 곳이구나!

종이 머물렀다는 기록이 남아 있지요.

왕세자의 생활

한 나라의 왕자로 태어나는 것은 과연 멋진 일이었을까요?

조선의 왕세자들에게 그런 삶은 환상에 불과했답니다. 나라의 근본이자 미래에 왕이 될 왕세자로 산다는 것은 생각보다 고달프고 힘들기 짝이 없었거든요. 왕세자의 하루는 공부로 시작했다가 공부로 끝났다고 해도 지나친 말이 아니에요. 왕세자는 세 살 때부터 아침 저녁의 문안 인사 시간, 그리고 식사 시간을 제외하고는 온통 공부를 해야 했으니까요. 궁궐의 하루 일과가 끝나는 밤 시간에도 왕세자는 바로 잠자리에 들지 못하고 침실에서 부족했던 공부를 보충해야 했답니다.

학식과 **경륜**을 갖춘 대신들에게 교육을 받아 장차 나라를 짊어질 왕으로서의 기품을 갖추게 되지요.

> **소주방에 대해 들어 보았나요?**
>
> 동궁의 북쪽은 소주방 터였어요. 이곳에서 정확한 복원을 위해 2004년부터 2005년까지 발굴 조사가 진행되었어요. 소주방은 TV 인기 드라마 〈대장금〉으로 관심이 모아진 궁중 음식의 조리실이었답니다. 왕실 가족이 먹는 음식의 조리를 담당하던 곳이지요. 임금과 왕비의 식사는 안소주방에서, 아침과 간식은 생과방에서, 잔치 때의 음식은 바깥소주방에서 했어요.

📖 **경륜**
일을 계획하는 능력이나 포부를 말해요.

왕세자의 교육
왕세자의 교육은 '세자시강원'에서 담당했어요. 왕세자 한 명만을 위한 특별 교육 기관이지요. 세자의 교육은 정승인 영의정, 우의정, 좌의정 중에서 한 명이 담당했어요.

연회와 휴식의 공간, 후원

왕은 평생 궁궐 안에서 신하들과 나랏일을 의논하고 공부를 하며 아주 바쁜 나날들을 보내야 했어요. 그래서 왕 개인으로서는 아주 고달픈 삶을 살았답니다. 그런 왕과 왕실 가족을 위한 공간이 후원이에요. 후원에는 어떤 곳이 있었을까요? 외국 사신을 접대하거나 나라의 큰 행사가 있을 때, 왕이 신하들을 모아 연회를 베풀던 장

소인 경회루와 왕실 가족의 휴식 공간인 향원정이 있어요. 그 밖에 신무문 밖으로도 후원이 있었는데, 지금은 청와대가 자리를 잡고 있답니다. 경복궁을 돌아보느라 힘들었나요? 잠시 쉬면서 이곳에서 신하들과 큰 잔치를 열었을 왕을 상상해 봐요.

세종 때 세워진 경회루는 본래 용 모양의 돌기둥이 웅장하고 아름다워 이웃 나라 사신이 감탄했을 정도로 화려했답니다. 연산군 때는 연못 서편에 만세산을 쌓아 연못에 황룡주라는 배를 띄우고, 연회를 열기도 했어요. 지금의 경회루는 임진왜란 때 불에 타 사라졌던 것을 고종 때 다시 세운 거예요.

하늘과 땅의 조화, 경회루

연못과 어우러진 경회루로 들어서면 아름다운 경관이 펼쳐지지요. 이곳은 왕이 잠시 휴식을 취하거나 흥겨운 잔치를 벌이던 공간이에요.

경회루는 특히 연산군과 깊은 인연이 있어요. 연산군은 지금의 수정전 자리에 흥청관을 세우고 전국의 기생들과 광대를 불러 모았어요. 그러고는 나랏일은 돌보지 않고 경회루에서 흥청망청 놀기에만 바빴지요.

이외에도 경회루에는 참 많은 사연이 얽혀 있어요. 그중에서 가장 가슴 아픈 일은 단종 폐위 사건이에요. 이곳에서 단종의 작은 아버지 수양대군은 어린 왕 단종을 내몰고 왕위를 빼앗았어요. 이에 단종에 대한 충성을 지키기 위해 박팽년은 이곳에서 자결하려고 하기도 했답니다.

그렇지만 경회루의 위엄은 많은 사람들로 하여금 감탄을 자아내게 하지요. 지붕의 잡상만 해도 무려 11개나 될 정도랍니다.

하지만 경회루에서 무엇보다 눈길을 끄는 것은 누각을 받들

> **경회**
> 경회라는 뜻은 '바른 사람을 만나야 좋은 일이 있다.'라는 뜻입니다. 즉 왕과 신하의 관계를 뜻해요.

경회루
국보 224호로 지정된 경회루는 경복궁에서 가장 큰 건물이에요. 경회루의 연못을 판 흙으로 교태전 뒤에다 아미산을 쌓았답니다.

고 있는 기둥이에요. 바깥쪽 기둥은 사각이고 안쪽의 기둥은 둥근 모양을 하고 있어요. 여기에는 동그라미는 하늘이고, 네모는 땅이라고 여기는 우리 조상들의 생각이 담겨 있답니다. 이런 생각을 '천원지방(天圓地方)'이라고 일컫지요. 경회루는 하늘과 땅이 조화롭게 떠받들고 있는 셈이에요. 우리 조상들은 이처럼 건물을 지을 때 많은 의미를 담았답니다.

총알을 맞은 불가사리

경회루에는 불가사리를 비롯한 동물 조각상들이 많이 있어요. 그중 경회루 난간의 불가사리는 한국 전쟁 때 총알에 맞아 입 부분이 깨져 버렸어요.

그리고 기둥을 자세히 보면 위에서 아래로 내려오면서 점점 굵게 만들어진 것을 알 수 있어요. 전체적으로 경회루가 무거워 보이기 때문에 안정감을 주기 위해서였지요. 조선 초에 세워졌을 당시에는 이 기둥이 용무늬로 장식되어 있었답니다.

경회루를 떠받치고 있는 바깥쪽 사각 기둥   경회루를 떠받치고 있는 안쪽 둥근 기둥

향기로운 정자, 향원정

　자경전과 교태전 사이에서 북쪽으로 가면 아름다운 정자와 운치 있는 연못이 나타나지요. 연못 가운데에는 정자가 있고, 그 정자로 이어지는 나무다리가 놓여 있어요. 이곳은 왕이나 왕비 또는 왕실 가족이 조용히 산책을 하거나 사색을 하는 공간이랍니다. 하지만 처음부터 이 일대의 규모가 이렇게 크지는 않았답니다.

　조선 초기 세조 때에는 이곳에 향원지라는 연못과 취로정이라는 작은 정자가 있었어요. 그러다가 고종 때 경복궁 북쪽 지역에 건청궁을 지으면서 원래 있던 향원지를 크게 넓히고 그 한가운데에 인공의 섬을 만들었지요. 그리고 섬 가운데에 2층짜

리 육모 지붕을 이고 있는 정자를 세우고 나무다리를 놓아 건너 다녔지요. 그리고 정자에는 '향기가 멀리까지 퍼진다.' 라는 뜻을 담아 향원정이라는 이름을 붙이고, 나무다리에는 '다리를 건너면 향기에 취한다.' 라는 뜻을 담아 취향교라는 이름을 붙였어요.

이 연못의 모양은 네모지고, 섬은 동그란데 이곳도 '천원지방' 의 생각을 담아 꾸민 것이에요. 이렇게 모난 모양의 연못에 가운데 섬을 마련하는 것은 우리나라 연못의 특징이지요.

경복궁의 복원이 이뤄지는 곳

건순문을 지나 자경전을 오른쪽으로 바라보면서 북쪽으로 향하면 집경당과 함화당이 나와요. 그 일대는 현재 복원 작업이 진행되고 있는 곳이에요. 그래서 가까이 갈 수가 없어요. 하지만 그 앞에 8각형의 풍기대가 있는 것이 눈에 띄어요. 이것은 맨 위에 깃발을 꽂아 바람의 방향과 세기를 가늠하는 기구예요. 돌로 된 풍기대의 겉면에는 아름다운 문양이 조각돼 있어 보물(847호)로 지정되어 있답니다.

여기서 잠깐

물의 온도를 비교해 보세요!

향원지의 물은 어디서 올까요? 지하수와 향원지 북서쪽에 있는 샘물에서 흘러든답니다.
'열상진원' 이라고 쓰여 있는 이 샘은 인공적으로 꾸며 놓은 것인데, 이 안에는 조상들의 놀라운 과학이 숨어 있답니다. 백악산에서 흘러온 차가운 물은 바로 향원지로 들어가지 않고 이 열상진원에

이곳의 물의 온도와 향원지의 물의 온도를 비교해 보세요!

고였다가 조금씩 바깥으로 흘러내려 못 안으로 들어가지요. 이 과정에서 차가운 백악산의 물은 공기를 만나 따뜻해지고, 산소가 물에 섞여 깨끗해진답니다. 그래서 연못에 사는 물고기들이 갑자기 흘러들어온 차가운 물에 놀라지 않고 지낼 수 있어요. 정말로 그런지 위 사진의 동그랗게 파인 부분에 고인 물과 향원지에 흘러들어간 물의 온도를 재 보세요. 손 끝으로도 차이를 알 수 있어요.

열상진원 샘 (　　　)도, 향원지 (　　　)도

명성 황후가 시해된 곳, 건청궁

건청궁의 옛 모습

향원정 바로 뒤 북쪽에 있는 건청궁은 궁궐 속에 있는 또 다른 궁궐이에요. 아버지인 흥선 대원군에게서 벗어나 나랏일을 주도적으로 해 보려 했던 고종은 경복궁을 다시 지은 지 약 5년이 지난 무렵 궁궐의 가장 북쪽에 건청궁을 세웠어요.

그러나 건청궁은 조선 말 정치적 소용돌이의 중심이 되어 버렸어요. 1895년 일본인들이 명성 황후를 살해한 사건이 일어난 거예요. 이 사건을 '을미사변'이라고 해요.

명성 황후는 건청궁 안 왕비를 위한 공간인 곤녕합에 딸린 옥호루에서 시해당했지요. 일본 자객들은 근처 녹산에서 시해한 명성 황후를 불에 태웠고, 그 뼈를 향원지에 던져 버렸다고 해요. 한 나라의 왕비로서 너무도 치욕스러운 일을 당한 것이지요.

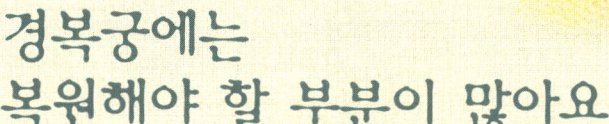

경복궁에는 복원해야 할 부분이 많아요

　우리나라의 많은 문화유산들이 훼손된 까닭은 무엇일까요? 아마도 전쟁과 외세의 침입 때문일 거예요. 우리의 궁궐도 그로 인해 많이 불타 사라지거나 훼손되었답니다. 그런데 경복궁은 우리 민족의 가장 큰 수난기였던 일제 강점기에 가장 많이 훼손되었어요. 광화문을 옮기고 흥례문을 헐어 그곳에 조선총독부를 세웠고, 근정전 앞마당에 커다란 일장기를 걸었지요. 궁궐 건물을 헐어 내거나 팔아 버리고, 전국 각지에서 빼앗아 온 불상들을 보란 듯이 전시하기도 했답니다.

　지금의 경복궁은 조선 말 고종 때 흥선 대원군이 다시 지은 경복궁 크기의 10분의 1에 지나지 않아요. 그 빈 건물터는 잔디로 뒤덮여 건물의 흔적이 있었다는 사실만을 알려 주고 있지요. 그리고 해방 뒤 우리는 조선총독부 건물을 중앙청으로도 사용했고, 우리 민족의 소중한 유물을 전시하는 국립중앙박물관으로도 사용하는 부끄러운 일도 있었어요. 그러나 최근 많은 사람들의 관심과 노력으로 경복궁은 조금씩 복원되고 있답니다.

경복궁 여기저기에서 볼 수 있는 잔디밭은 사라진 건물이 있던 자리예요. 넓은 잔디를 보면 얼마나 많은 건물들이 사라졌는지 짐작해 볼 수 있답니다.

 경복궁이 빛나는 이유

　왕이 살면서 신하들과 더불어 나랏일을 돌본 공간인 경복궁은 우리의 역사가 숨쉬는 아주 중요한 장소예요. 그러나 궁궐이 가지는 의미가 단지 그뿐만은 아니랍니다.

　경복궁은 조선 시대를 지배했던 유교 정신이 스며 있는 곳이기도 합니다. 부지런히 나랏일을 하라는 '근정'이나 왕이 건강하기를 바라는 '강녕'과 같이 여러 건물에 붙여진 이름을 보면 잘 알 수 있지요. 그래서 경복궁을 둘러보는 일은 우리 문화를 체험하는 중요한 열쇠가 된답니다.

또 경복궁은 우리 문화의 명맥을 이어 온 최고 장인들의 빼어난 솜씨를 엿볼 수 있는 곳이기도 해요. 경복궁의 건축물은 왕이 살았던 곳이니 당시 나라에서 최고의 기술을 가진 장인들이 최고의 재료를 써서 만들었을 거예요. 경복궁의 건물들은 화려하면서도 멋있게 조화를 이루도록 지었어요. 지금까지 돌아본 건축물 곳곳에서 확인할 수 있었을 거예요. 하지만 오늘 본 것은 경복궁 원래 모습의 극히 일부이지요.

그러다 보면 우리 문화와 역사에 대해 한층 성숙한 눈과 생각을 갖게 될 거예요. 시간을 거슬러 경복궁의 원래 모습을 상상해 보세요.

경복궁은 조선의 법궁!

나는 경복궁 박사!

경복궁 답사가 모두 끝났어요. 경복궁에 대해 제법 많은 것을 알게 된 것 같지요?
그렇다면 실력을 발휘해서 문제를 풀어 보세요.

❶ 빈칸을 채워 보세요.

아래는 한눈에 볼 수 있는 경복궁의 지도예요. 각 번호에 알맞은 건물의 이름을 보기에서 골라 쓰세요!

보기
광화문, 근정전, 경회루, 강녕전,
교태전, 수정전, 향원정

❶ (   )   ❷ (   )

❸ (   )   ❹ (   )

❺ (   )   ❻ (   )

❼ (   )

❷ 왕을 높이는 낱말과 그 뜻을 맞게 연결해 보세요.

얼굴 　 방귀 　 옷 　 식사 　 대변 　 초상화

수라 　 용포 　 용안 　 매화향 　 어진 　 매화

❸ 왕을 상징하는 동물은 무엇일까요?

박쥐 ( )　　불가사리 ( )　　봉황 ( )

황룡 ( )　　백호 ( )　　해치 ( )

나는 경복궁 박사!

④ 다음 질문에 O 또는 X로 답하세요.

1) 광화문 옆 해치는 본래 사헌부를 상징하는 동물이다. (   )
2) 조선의 5개 궁궐은 경복궁, 창덕궁, 창경궁, 운현궁, 경희궁이다. (   )
3) 궁궐 지붕의 잡상은 삼국지에 나오는 유비, 장비, 관우, 제갈량 등이다. (   )
4) 왕의 침전은 강녕전, 왕비의 침전은 교태전, 세자의 침전은 자선당이다. (   )
5) 경복궁은 임진왜란 때 불타 사라져 약 270년 동안 폐허였다. (   )
6) 자경전 십장생 굴뚝은 화재 방지와 장식의 효과를 모두 갖춘 굴뚝이다. (   )
7) 아미산은 나이 드신 대비 마마를 위해 만든 계단식 화단이다. (   )
8) 현재의 경복궁은 본래 모습에서 약 10분의 1만 남은 것이다. (   )

⑤ 내 방의 이름을 지어 보세요.

근정전의 근정이란 말은 '천하의 일은 부지런하면 잘 다스려진다.'는 뜻이에요. 곧 나랏일을 열심히 하라는 말이지요. 이렇듯 우리나라 전통 건물에는 각각 이름을 지어 적은 현판을 붙였어요. 이것은 건물에 사는 사람이 건물에 담긴 정신을 잊지 말고 살라는 뜻이었어요. 여러분도 여러분 방이나 가족의 방에 이름을 붙여 보세요.

1. _____

2. _____

3. _____

4. _____

5. _____

❻ 왕과 나의 하루를 비교해 보세요.

왕의 하루는 어땠을까요? 왕의 하루 일과를 살펴보고, 여러분의 하루 일과와 비교해 보세요.

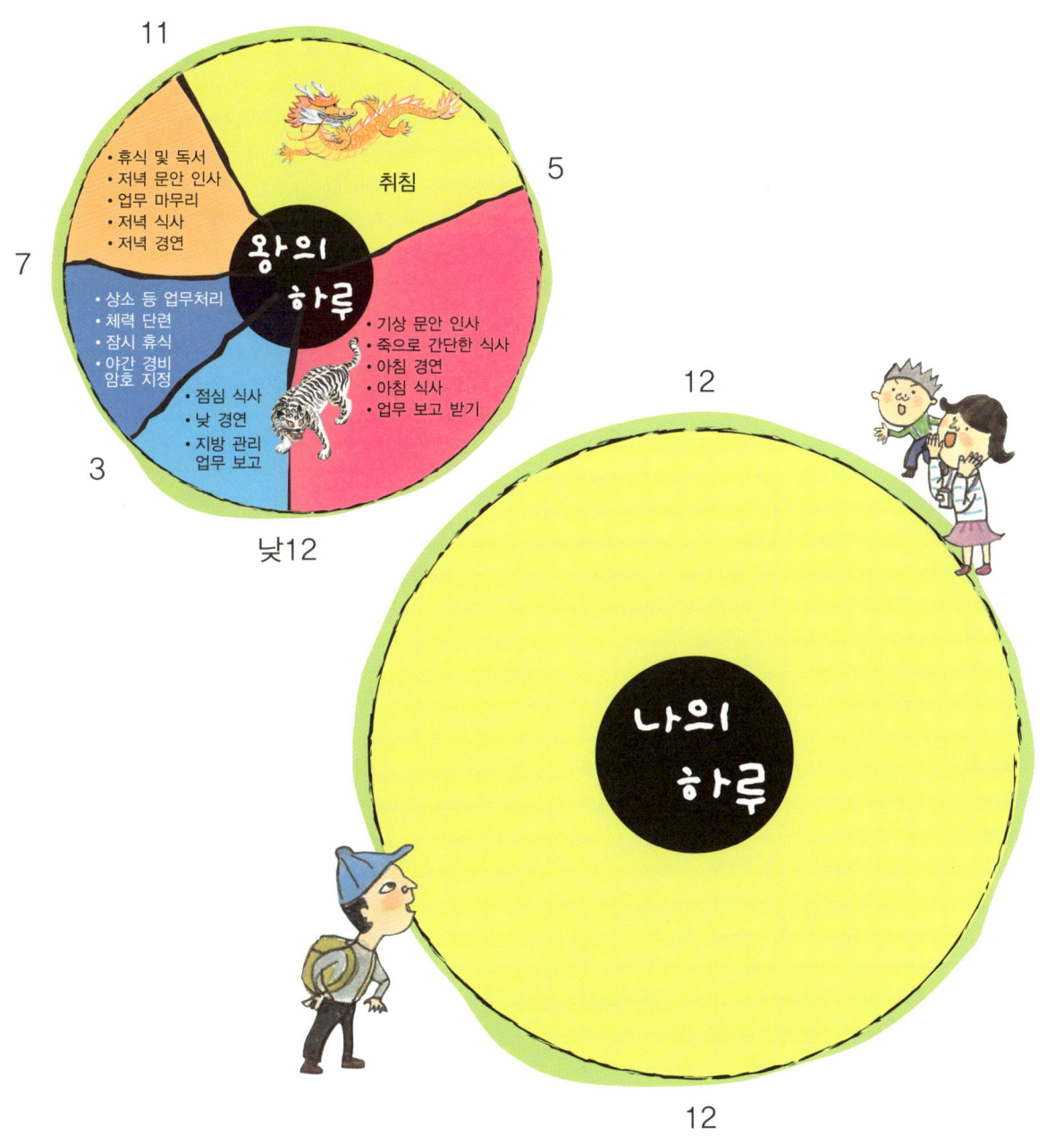

견학 앨범 만들기!

체험학습을 다녀온 뒤 직접 찍은 사진으로 견학 앨범을 만들어 보세요. 경복궁의 모습을 오랫동안 기억할 수 있고, 간단한 소감을 곁들인다면 좋은 추억을 간직할 수도 있을 거예요. 게다가 훌륭한 과제물로 제출할 수도 있지요. 그렇다면 견학 앨범은 어떻게 해야 잘 만들까요?

주제를 정하고, 사진을 모아요!

어떤 주제로 앨범을 구성할 것인지를 미리 생각해 보세요. 재미있고 신기한 상상의 동물들로 꾸며 볼까요? 아니면 고운 단청 문양이나 아기자기한 꽃담 같은 주제로 엮어 볼까요? 혹은 아름다운 경복궁의 건물들을 중심으로 해 보는 건 어떨까요? 주제가 정해지면 그에 맞게 사진을 찍으세요. 입장권이나 안내서를 챙기는 것도 잊지 마세요.

생각과 느낌도 곁들여요

사진만 덩그러니 있는 앨범은 현장의 모습을 그대로 담고 있기는 하지만 현장에서 느끼고 생각한 것들까지 기억하게 해 주지는 못해요. 간단한 느낌과 생각을 사진 옆에 남기는 게 어떨까요? 더욱 생생하고 현장감 있는 앨범이 된답니다. 유적지에 대한 소개는 짧게, 그리고 자신의 생각과 느낌은 풍부하게 써야 한다는 것은 알고 있지요? 특히 마지막 부분에서 체험학습에 대한 느낌을 정리해서 써 준다면 아주 훌륭한 앨범이 될 거예요.

나만의 앨범을 만들어요!

요즘 많은 친구들이 컴퓨터로 과제물을 만들지요. 그렇게 작성된 문서는 깨끗하고 보기에는 좋지만 왠지 정성이 느껴지지는 않아요. 이번에는 직접 손으로 예쁜 앨범을 꾸며 보세요. 색종이와 색연필 그리고 사인펜으로 자신만의 개성을 살린 앨범을 만들어 보는 건 어떨까요? 글씨체가 예쁘지 않다고요? 그래도 상관없어요. 정성이 중요하니까요.

나만의 창의적인 앨범 만들기

- 앨범의 주제를 정하고, 이에 맞게 사진을 찍어요.
- 사진 옆에 짧은 소개와 함께 내 생각과 느낌을 곁들여요.
- 나만의 솜씨와 정성을 발휘해서 개성 있는 앨범을 만들어요.

 **표지**

맨 위에 과제물의 종류를 쓰면 어떤 형식으로 구성되었는지 쉽게 알 수 있어요. 제목과 표지 사진은 견학 장소를 한눈에 표현할 수 있어야 해요.
학년, 반, 번호와 이름을 빠뜨려서는 안 되겠죠!

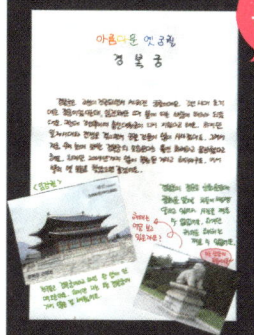 **본문1**

내가 간 유적지가 어떤 곳인지 간단히 설명해 주면 좋겠지요. 어떤 친구들은 자신이 체험학습을 다녀온 장소도 잘 모르더라고요. 설마 여러분 중에는 그런 친구가 없겠지요?

 **본문2**

여러분의 손길이 묻어나는 앨범이 무엇보다 중요해요. 사진은 꼭 반듯하게 붙여야 하는 건 아니에요. 여러분의 개성을 살려서 붙여 주세요. 사진과 함께 자신의 느낌과 생각을 그때 그때 정리해 주세요. 단순하고 간단한 글이어도 좋아요. 나중에 아주 좋은 추억이 될 거예요.
색종이나 색연필, 사인펜을 활용하면 훨씬 더 예쁜 앨범을 만들 수 있어요.

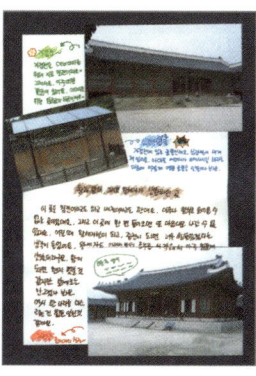  **본문3**

중요한 국보나 보물의 경우 정보를 적어 주면 유적지에 대한 이해가 훨씬 쉽고, 더 잘 기억할 수 있겠지요.

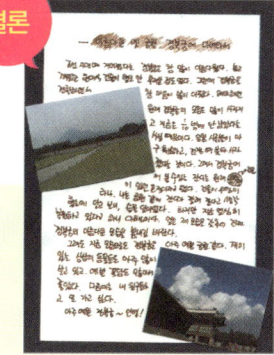 **결론**

끝에는 견학의 전체적인 느낌을 정리해 보는 게 어떨까요? 대부분의 친구들은 앨범이라고 하면 사진만 정리해서 붙이고 말아요. 하지만 그건 누구나 할 수 있는 일이지요. 그리고 그런 앨범은 재미가 없어요. 이렇게 자신만의 느낌을 덧붙이면 훨씬 알찬 앨범이 되겠지요?

자연을 담은 궁궐 속으로,

창덕궁

　　임진왜란이 일어나 불타버린 경복궁 대신 조선의 법궁 역할을 한 것이 바로 창덕궁이에요. 창덕궁은 태종이 창건해 조선의 마지막 왕인 순종이 돌아가실 때까지 무려 520여 년 동안 조선 역사의 중심에 있었어요. 또 창덕궁의 아름다운 정원은 유네스코 세계문화유산으로 지정되었지요. 특히 자연의 능선을 그대로 살린 후원은 우리나라 사람들의 평화로운 성품을 잘 보여 주고 있답니다. 조선의 마지막 왕이 숨을 거둔 궁, 그 파란만장한 역사의 자취를 함께 따라가 볼까요?

미리 알아 두세요

일반 관람
2~5월 09:00~18:30 (17:30까지 입장)
6~8월 09:00~18:30 (17:30까지 입장)
9~10월 09:00~18:00 (17:00까지 입장)
11~1월 09:00~18:30 (16:30까지 입장)

관람료
만 25세~만 64세 3,000원

쉬는 날 매주 월요일

특별 관람
10:00, 11:00, 12:00, 13:00, 14:00, 15:00, 16:00, 16:30

문의 02)3668-2300
주소 서울 종로구 율곡로 99
홈페이지 www.cdg.go.kr

가는 방법

지하철 3호선 안국역 3번 출구로 나와 5분 동안 쭉 직진하면 창덕궁의 정문이 나와요.

창덕궁의 역사

조선의 태조 이성계는 서기 1392년에 고려를 무너뜨리고 조선을 건국하면서 지금의 서울인 한양 땅에 경복궁을 지었어요. 드디어 한양을 도읍지로 삼은 새로운 조선이 탄생한 거예요. 그런데 조선의 두 번째 왕인 정종은 다시 고려의 옛 서울인 개성으로 돌아갔습니다. 왕자의 난이 일어나 형제끼리 왕권을 두고 피비린내 나게 싸운 한양이 싫어서였지요. 그러나 얼마 안 있어 3대 임금인 태종이 즉위했고, 다시 도읍을 한양으로 옮기게 되었습니다. 이때 태종의 명으로 경복궁 동쪽에 지은 궁궐이 창덕궁이에요.

그러나 창덕궁은 임진왜란 때 폐허가 되었고, 광해군 때 다시 지었지요. 그런데 인조반정 때 또 큰 불이 나서 인정전만 남는 수난을 당했지만, 다시 여러 전각들을 재건하여 본래의 모습을 되찾았답니다.

경복궁에 머물던 고종 황제가 경복궁 자경전에 불이 나면서 창덕궁으로 옮겨 왔어요. 그 뒤 고종 황제가 머무는 10년 동안 임오군란과 갑신정변 등을 겪으면서 역사의 중심에서 비껴나게 됐어요.

창덕궁이 다시 활기를 찾은 건 순종이 즉위한 뒤의 일이에요. 그러나 창덕궁은 일본인 고관들의 연회 장소가 되어 버렸고 후원은 학생들의 운동회장이 되기도 하였지요.

결국 1910년 8월, 순종은 이 창덕궁에서 마지막 어전 회의를 열고 대한제국의 통치권을 일본에 빼앗기고 말아요.

이런 역사적 수난을 겪었지만 창덕궁은 그 후원과 함께 유네스코 세계문화유산으로 등록된 자랑스러운 우리 궁궐로 남아 있어요.

한눈에 보는 창덕궁

자, 창덕궁을 살펴보세요.
다른 궁궐 지도와는 뭔가 다른 것이 보이나요?
건물이 있는 궁궐보다 초록색 지역이 유난히 많지요?
창덕궁은 평지에 지어진 다른 궁궐과 달리
북한산 매봉 기슭에 세워졌어요.
창덕궁은 궁궐의 면모도 훌륭하지만 자연 그대로의
산세를 살린 아름다운 후원이 더 유명하답니다.
자연과 건축이 물 흐르듯 조화를 이뤄
세계문화유산으로 보존되고 있는 창덕궁,
지금부터 함께 둘러보아요.

일반관람은 직원의 안내를 잘 따르면 돼요.
자유관람일 때는 미리 코스를 정하고 출발해야
지치지 않고 모두 둘러볼 수 있어요.

이런 순서로 돌아보아요!

❶ 돈화문 ⋯ ❷ 금천교·진선문 ⋯ ❸ 인정전 ⋯ ❹ 선정전 ⋯ ❺ 희정당 ⋯
❻ 대조전 ⋯ ❼ 낙선재 ⋯ ❽ 부용지·부용정 ⋯ ❾ 주합루·영화당 ⋯
❿ 금마문·기오헌·의두각 ⋯ ⓫ 불로문 ⋯ ⓬ 애련지·애련정 ⋯ ⓭ 연경당 ⋯
⓮ 관람정·존덕정 ⋯ ⓯ 옥류천 ⋯ ⓰ 청의정

창덕궁의 문과 전각들

창덕궁에는 문과 많은 전각들이 있어요. 전각은 크게 외전과 내전으로 나뉘어요. 외전은 왕이 나랏일을 보는 곳으로 나라의 큰 행사가 열리는 정전, 평상시 나랏일을 보는 편전으로 구성되어 있어요.
내전은 왕과 왕비 그리고 그 가족들이 생활

하는 곳으로, 왕과 왕비의 침소가 있는 곳이지요.
 내전에는 왕과 왕비의 생활을 돕는 상궁이나 궁녀 같은 사람들이 사는 건물들도 있어요.
 그 밖에 창덕궁에는 왕실의 업무를 보는 여러 관아들도 있었어요.
 지금부터 아름다운 창덕궁 건물들을 하나하나 둘러보아요.

창덕궁의 정문
돈화문

돈화문은 5칸이에요

옛날에는 중국의 황제만 5칸짜리 대문을 쓸 수 있었기 때문에 우리나라는 3칸짜리 궁궐문을 지었죠. 그런데 유독 돈화문만 5칸짜리 문이라 아주 웅장해요. 하지만 결국 중국의 눈치를 보느라 두 개의 문을 닫아 둔 것이 아쉬워요.

경복궁 광화문

경운궁 대한문

돈화문은 우리 나라에 남아 있는 궁궐 정문으로는 제일 오래됐지요. 태종 12년(1412)에 처음 세워졌지만 임진왜란 때 불타고, 광해군 원년(1609)에 다시 지었어요. 그때 돈화문을 2층으로 지었는데, 수문장들이 2층에서 창덕궁을 지키게 하기 위해서였어요.

2층 문루
이곳은 수문장들이 문을 지키던 곳이에요. 옛날에는 이곳에 큰 종과 북을 걸어 놓고 백성들에게 시간을 알렸다고 해요.

현판
조선의 궁궐 정문에는 '화' 자가 들어간 현판이 많아요. 나라와 백성이 번창하라는 뜻이 담겨져 있어요. 돈화는 백성들을 가르쳐 감화시키다는 뜻이에요.

좌우 담벼락
현재는 문 양 옆이 담장이지만 원래는 수문장이 근무하는 수문장청이 있었어요.

5칸 문
원래 5칸이지만 양쪽 끝에 문을 달아 막아놓았어요.

돌계단
일제강점기 때 일본인들이 자동차가 쉽게 다닐 수 있도록 흙으로 덮어버렸던 계단인데 최근에 흙을 걷어 내고 제 모습을 찾았어요.

돈화문 안쪽 왼쪽과 오른쪽에는 큰 고목이 무성하게 자라고 있어요. 이 나무가 바로 회화나무예요. 그런데 왜 이렇게 회화나무를 많이 심었을까요?

옛날 유교 사상가들은 중국의 '주'나라를 가장 이상적인 고대 국가라고 여겼고, 많은 제도를 따라했어요. 옛날 주나라에서는 궁궐의 정문과 정전의 대문 사이에 회화나무를 심었다고 해요. 그 나무 밑에서는 주나라의 가장 높은 신하 3명이 주나라에 오는 손님들을 반갑게 맞이했지요. 이를 보고 우리나라에서도 궁궐 입구에 회화나무를 심은 거예요. 창덕궁의 돈화문과 인정문 사이에 회화나무가 많은 이유를 알겠지요?

회화나무
궁궐에서 흔히 볼 수 있는 나무예요.

금천교가 동쪽으로 놓인 까닭

보통 궁궐은 정문에서 정전까지 일직선상으로 지었어요. 그리고 금천교는 정전을 향해 놓였지요. 하지만 창덕궁의 금천교는 정문에서 오른쪽으로 꺾어져 있답니다. 이유가 뭘까요? 창덕궁은 매봉 기슭의 경사면에 지었는데 자연 그대로를 살리려면 궁궐 배치를 바꿔야 했지요. 형식보다는 자연미를 사랑한 조상의 미의식을 보여주는 다리랍니다.

왕을 만나러 가는 길, 금천교와 진선문

돈화문을 들어서서 북쪽으로 난 길을 따라가면 금천교에 이르러요. 궁궐에서는 왕이 있는 **정전**에 가기 전에 반드시 **명당수**를 건너야 해요. 궁궐에서 명당수가 흐르는 개천을 금천이라고 하는데, 금천교가 바로 이 명당수를 건너는 다리예요.

금천교를 건너자마자 만나는 문이 진선문이에요. 진선문을 풀이하면 '착한 말을 올리다.' 는 뜻이에요. 이런 이름에 걸맞게 영조가 이곳에 **신문고**를 다시 설치했어요. 태종이 처음 실시한 제도인데 연산군 때 폐지되었다가 이때 다시 설치됐지요.

옛날에는 진선문 좌우에 행각이 있고 거기에 정색과 전설사라는 관아가 있었어요. 정색은 궁궐 안 군인들의 무기나 장비를 관리하는 곳이에요. 전설사는 궁궐에서 잔치 등 크고 작은 일들을 치를 때 쓰는 차일을 관리하거나 마당에 설치하는 일을 맡았던 관아지요. 나라의 큰 행사가 있을 때 빠르게 처리하기 위해서였지요.

🏛 **정전**
왕이 나와서 조회를 하거나 큰 행사를 진행하던 건물이에요.

🏛 **명당수**
왕이나 신하가 다리를 건널 때마다 마음을 씻으라는 의미가 담겼어요.

🏛 **신문고**
억울한 일을 당한 백성이 두드려 왕에게 직접 호소할 수 있게 한 북이에요.

금천교
예전에는 이곳에서 청계천으로 흐르는 물이 있었다고 해요.

진선문
금천교를 건너면 진선문이 나와요. 일제 강점기 때 헐렸던 것을 다시 지었어요.

금천교 돌다리 밑의 조각들

금천교를 자세히 보면 다양한 문양과 조각으로 꾸며져 있어요. 먼저 진선문을 바라보고 왼쪽에 있는 다리 아래를 보세요. 다리 아래에 북쪽을 향하고 있는 거북이 모양의 석상이 있어요. 머리를 북쪽 방향으로 두고 있는 이 석상이 현무예요. 현무는 사신의 하나로 북쪽의 별자리를 나타내는 상상의 동물이지만, 여기서는 궁궐의 북쪽을 지키는 신령스러운 동물로 봐도 좋아요. 다리 남쪽에 있는 동물 석상은 해치라고 해요. 보통 남쪽을 향해 있는 해치는 정의를 지키고 나쁜 기운을 물리치는 상상의 동물이에요. 이번에는 해치와 현무 위쪽을 보세요. 얼굴이 험상궂은 귀신 얼굴이 돌에 새겨져 있어요. 이것을 귀면이라고 하는데 해치와 마찬가지로 개천을 타고 침입할지도 모르는 악귀를 막는 역할을 하고 있지요.

귀면   현무   해치

금천교 돌다리

나라의 큰 행사가 열리던
인정전

오얏꽃의 의미
대한제국에서는 오얏꽃 문양을 황실의 문양으로 즐겨 사용했어요. 조선 왕가의 성인 이(李:오얏 리)에서 생겨난 꽃이지요. 그런데 일본인들이 이 무늬를 즐겨 쓴 까닭은 무엇일까요? 조선 왕조를 일개 가문의 정권으로 낮추려는 의도였어요. 그래서 창덕궁 곳곳에 오얏꽃 무늬가 보여요. '이조(李朝) 시대'라는 표현도 조선을 '이씨'의 조선으로 낮추는 의미이므로 쓰지 않는 것이 좋아요.

진선문을 나와 왼쪽으로 돌아서면 인정문이 보여요. 인정문을 들어서면 화강암 월대 위에 웅장한 모습의 인정전이 나타나지요. 인정전은 창덕궁에서 가장 오래되고, 가장 중요한 건물로 국보로 지정돼 있어요. 이곳에서는 왕의 즉위식, 세자 책봉, 왕족의 혼례, 회갑 잔치, 외국 사신 맞이 등 국가적인 행사가 벌어졌어요. 또 효종, 숙종, 영조, 순조, 철종, 고종, 등이 여기에서 즉위식을 거치고 왕위에 올랐고, 나라에

인정전
나라의 큰 행사를 치르던 곳이에요. 주변 행각에는 행사를 주관하는 관아가 있었어요.

큰 공을 세운 장수의 공로를 축하하는 행사도 벌어졌어요. 때로는 벼슬자리에서 물러난 신하들을 위로하는 잔치가 이 마당에서 베풀어지기도 했지요.

인정전 왼편과 오른편에는 길게 연결된 작은 방들이 있어요. 이곳에는 인정전에서 행사가 벌어질 때 쓰던 악기를 보관했고 왕의 붓과 벼루를 보관했답니다.

인정전 마당의 품계석

인정문 돌마당에 울쑥불쑥 솟아 있는 돌들이 있어요. 정일품, 정이품 글씨가 새겨져 있는데 이 돌을 품계석이라고 해요. 인정전에서 큰 행사가 벌어질 때 정일품에서 종구품까지 신하들이 자신의 **품계**에 맞춰 줄지어 설 수 있도록 표시한 돌이에요. 품계석은 주로 궁궐의 정전 앞에 있는데, 경복궁의 근정전과 창경궁의 명정전, 덕수궁 중화전 앞에도 품계석이 있지요.

답도의 판석
정전 앞 계단 가운데에 비스듬히 있는 네모난 돌로 왕만 지나갈 수 있어요.

쇠고리
인정전에서 행사가 있을 때 장막을 치던 쇠고리예요.

품계석
정전 앞마당에 큰 행사가 있을 때 자신의 품계에 따라 줄지어 설 수 있도록 표시해 둔 돌이에요.

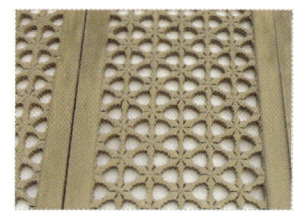
인정전 황색 문창살
황색은 대한제국 이후에 사용할 수 있었어요.

품계석은 서 있는 위치와 방향에 따라서 직분이나 지위의 높낮이가 정해져 있어요. 왕의 **어좌**와 가까울수록 품계가 높고 멀수록 품계가 낮지요. 어좌에서 볼 때 왼쪽으로는 문반이, 오른쪽으로는 무반이 섰지요. 인정전 앞마당 품계석을 보면서 화려한 예복을 입은 신하들을 상상해 보세요. 저마다 자기의 위치에 맞는 품계석 옆에 서 있는 광경을 상상해 보는 것도 재미있지요.

> **품계**
> 옛날에는 신하의 등급을 '품'으로 나누었어요. 품계는 신하의 등급을 뜻해요.

> **어좌**
> 왕의 의자라는 뜻으로 왕의 자리를 말해요.

치미가 용마루에 있는 까닭

목조 건물에서 제일 무서운 것이 화재예요. 우리 조상들은 일부러 지른 불이든, 실수로 난 불이든, 천재지변 때문에 생긴 불이든 모든 불은 귀신이 농간을 부린 것이라고 믿었어요. 그래서 화마를 미리 제압하기 위해서 지붕의 제일 높은 용마루에 치미를 설치했지요. 이처럼 치미는 단순한 장식물이 아니라 화재를 막아 목조 건물의 안전을 지켜 주는 수호자 역할을 하고 있어요.

창덕궁 보춘정 치미

인정전 용마루의 비밀

이번에는 지붕 꼭대기를 한번 올려다보세요. 기와집의 가장 높은 곳이 용마루예요. 용마루에 왕가의 문장인 오얏꽃 다섯 개가 새겨져 있는데 이것은 일제 강점기 때에 일본 사람들이 마음대로 꾸며 놓은 것이에요.

궁궐 지붕의 용마루 양 끝에는 짐승 모양을 닮은 것이 장식돼 있는데, 이것을 치미라고 해요. 치미의 유래에 대해서는 여러 가지 이야기가 있어요.

가장 믿을 수 있는 것은 화재를 피하기 위한 것이라고 해요. 옛날에는 궁궐을 높은 언덕 위에다 지었는데 번개를 피하는 장치가 없어서 벼락으로 인한 화재가 끊일 날이 없었어요. 그런데 하늘의 어미성이라는 별을 본떠 용마루에 올려 두면 불을 막고 재앙을 없앨 수 있다고 해서 물고기의 꼬리 형상의 치미가 생겼어요. 고려 시대부터 치미는 물을 뿜어내는 용 모양으로 바뀌었고, 점차 용두, 취두 등 다양한 형태로 변했어요.

📖 **어미성**
물고기 꼬리라는 뜻의 별이에요.

📖 **취두**
독수리 머리 모양을 뜻해요.

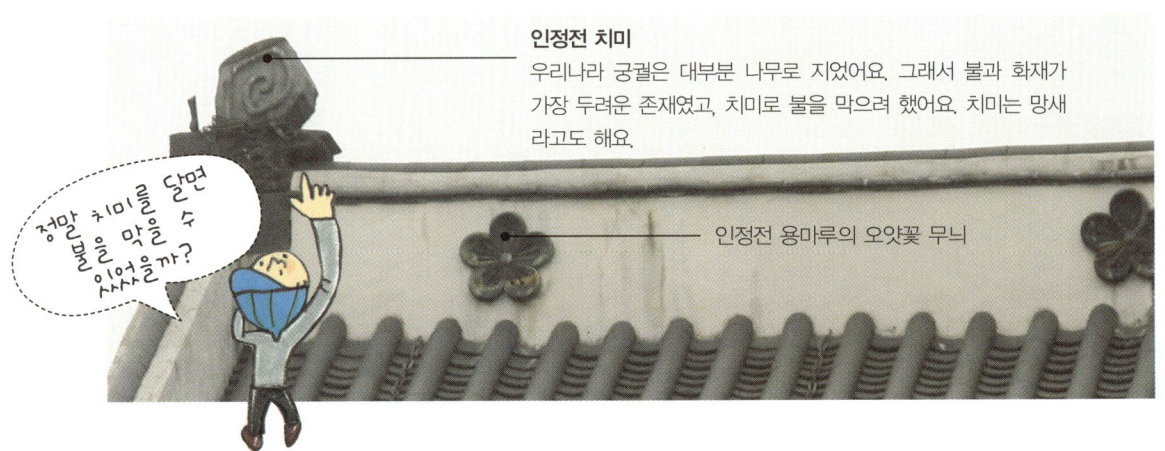

인정전 치미
우리나라 궁궐은 대부분 나무로 지었어요. 그래서 불과 화재가 가장 두려운 존재였고, 치미로 불을 막으려 했어요. 치미는 망새라고도 해요.

인정전 용마루의 오얏꽃 무늬

정말 치미를 달면 불을 막을 수 있었을까?

잡귀신을 쫓는 인정전의 잡상

고개를 조금 돌려 추녀마루를 보면 맨 앞에는 사람이, 그 뒤에는 원숭이나 물고기 같은 작은 동물 같은 것이 줄지어 앉아 있는 것을 볼 수 있어요. 이것을 우리는 잡상이라고 불러요. 이것을 지붕에 올려놓은 이유가 무엇일까요?

우리 조상들은 집에 잡귀신들이 들어오지 못하도록 부엌에는 조왕신, 변소에는 측신, 마당에는 터주신 등을 모셔 놓았어요. 사람을 도와주는 이 신들이 나쁜 잡귀를 물리쳐 주기를 바란 것이에요. 추녀마루의 잡상도 잡귀나 **화마**를 물리치려는 바람을 담았습니다.

중국의 잡상 이야기

잡상은 우리 나라에만 있는 것이 아니라 중국에도 있어요. 《서유기》에 나오는 인물 또는 땅의 신들이 대부분인데, 모두 사람을 해치는 독하고 나쁜 기운을 막아 주는 신들이랍니다. 《어우야담》에는 새로 임명된 관리가 선배 관리들에게 첫 인사를 할 때 반드시 대궐 지붕 위에 있는 잡상의 이름을 단숨에 외워야 동료로 받아 들였다고 기록되어 있어요.

📖 **화마**
화재를 마귀에 비유한 말이에요.

용두
잡상을 장식할 때 가장 안쪽에는 용머리를 본 뜬 용머리 장식을 두어요.

잡상이 궁궐의 안전을 지키고 있었구나!

대당사부
서유기에 나오는 삼장법사예요. 제일 앞에 위치하고 있어요.

손행자
서유기의 손오공이에요. 대당사부 뒤에 있지요.

인정전 잡상

청기와 건물
선정전

선정전의 청기와

선정전은 우리나라 궁궐에서 유일하게 청기와를 사용한 건물이에요. 청기와는 푸른색 도자기 기와로 고려청자의 맥을 잇고 있죠. 청기와는 특히 조선 전기에 많이 사용했는데, 너무 많은 돈과 노력이 들어가 17세기 이후에는 많이 사용하지 않았답니다.

보개천장
궁궐의 천장을 다른 곳보다 높게 만들고 봉황이나 용을 장식했어요.

인정전 동쪽 행랑에 나 있는 작은 문을 통해 밖을 나서면 왼쪽으로 청기와를 입힌 선정전이 보여요. 선정전은 왕과 신하가 함께 모여 나랏일을 의논하던 건물인 편전이에요. 편전은 일반적으로 정전의 뒤쪽에 자리 잡고 있어요.

선정전은 아홉 칸밖에 안 되는 단층 건물로, 지붕에 푸른색 유약을 입힌 청기와를 올린 점이 특색이에요. 건물의 중앙 안쪽에는 어좌가 있고 그 뒤에 오봉산일월도 병풍이 펼쳐져 있지요. 어좌 위 **보개천장**에는 금빛 여의주를 문 황룡과 봉황 꽃구름이 화려하게 조각되어 있어요.

선정전
왕이 일반적인 나랏일을 보던 편전이에요.

왕의 차를 보관했던
어차고

선정전 맞은편에는 빈청이라는 건물이 있었어요. 원래 이곳은 고관들이 모여서 회의를 하거나 외국의 사신이 왕을 접견하러 왔을 때 잠시 머무르기도 하는 곳이었어요. 하지만 고종이 이곳에 자동차를 보관한 뒤부터 어차고라고 불리게 되었어요.

궁궐에서 사용한 첫 자동차는 1903년 미국에서 들여왔다고 전해오지만 상세한 기록이나 유물이 없어 확인할 수 없답니다. 그 뒤 1911년 두 번째로 고종 황제가 영국에서 다임러 리무진 한 대를 들여왔어요. 지금까지 남아 있는 어차들은 순종 황제가 사용했던 로얄 다임러 자동차와 캐딜락 리무진 자동차예요. 세계 유일의 모델인 이 어차는 대한제국 황실이 미국, 영국에 직접 주문해 제작했어요. 그런데 자동차의 부품 일부가 없어지고 녹이 슬어 보존 상태가 나빠져 새로 복원했지요.

얼마 전까지 이곳에 있던 어차들은 지금은 국립고궁박물관으로 옮겼답니다.

순종 황제가 타던 캐딜락

순종효 황후가 타던 다임러

📖 **어차**
왕이 타는 차를 말해요.

어차고

이 차는 직접 주문 제작한 것이라 세계에 하나밖에 없지.

한국식과 서양식이 만난
희정당

희정당 총석정절경도

1920년 즈음 당시의 최고 서화가인 김규진이 그린 산수화예요. 바다 쪽에서 해금강을 바라 본 풍경을 그렸는데, 기묘한 바위들과 뒤로 보이는 흰 구름 떠도는 산이 어울려 경치가 신비로워 보여요.

희정당 내부
희정당은 조선 후기와 대한 제국 시대에 왕의 사무실과 접견실로 쓰였어요. 외국인들이 많이 찾으면서 서양식과 한식이 섞인 지금의 모습이 되었어요.

희정당 전경
희정당은 겉모습도 전통 궁궐과는 많이 달라요. 정면에 튀어 나온 곳은 마차나 차에서 내려서 실내로 들어가는 서양식 현관이에요.

어차고를 보고 돌아서면 건물 입구가 색다른 희정당이 보여요. 원래 이 건물은 **내전**에 속한 건물이었지만 조선 후기에는 편전으로 썼어요. 연산군 때 불탔다가 인조 때 다시 지었고, 이름도 희정당으로 바꾸었지요. 처음 희정당이 재건되었을 때에는 15칸짜리 보통 규모의 건물이었지만 나중에 편전으로 이용하면서 지금처럼 큰 건물이 되었어요.

지금의 건물은 1920년에 다시 지었는데, 한국식과 서양식이 섞여 있어요. 응접실과 회의실은 서양식 바닥에 양식 탁자를 놓았어요. 좌우 벽에는 김규진이 금강산을 그린 〈총석정절경도〉·〈금강산만물초승경도〉가 걸려 있어요.

희정당은 신식 실내 장식과 한옥이 잘 어울리는 곳이지.

'궁궐'과 '궁'은 어떻게 다른가요?

궁궐과 궁은 규모나 용도가 엄연히 달라요. 경복궁, 창덕궁, 창경궁, 경희궁, 덕수궁과 같은 곳은 궁궐이며 이들을 5대궁이라고 하지요. 그러나 운현궁, 안동별궁 등은 '궁궐'이 아니에요.

'궁'은 사람이 일상적인 생활을 하는 데 필요한 생활 공간이고, '궐'은 왕이나 신하들이 사무를 보고 일반 업무를 처리하는 곳이에요. 그래서 '궁궐'은 '궁'과 '궐'의 기능을 합친 곳이에요. 궁궐 안에서 왕은 업무를 보기 위해 '궁' 쪽에서 '궐' 쪽으로 출퇴근을 했답니다.

그런데 일반적으로 '궁'의 이름이 붙어 있는 건물은 용도에 따라 그 사용 방법이 여러가지였어요. 왕이 즉위하기 전에 살던 집을 잠저 혹은 본궁이라고 해요. 대궐에서 살던 왕자나 공주가 결혼해서 궁 밖에서 살림을 차린 집도 궁이에요. 왕이나 왕비, 왕대비, 왕자 등 왕족이 병을 고치기 위해 잠시 궁궐 밖에 나가 있을 때 거처하는 곳은 별궁이라고 했어요.

경복궁
정무를 보던 궐과 주거 공간인 궁이 합해진 것이 궁궐이에요.

운현궁
왕의 아버지인 흥선 대원군이 살던 집으로 궁이에요.

왕비의 침전
대조전

📖 **월대**
궁전을 높게 짓기 위해 쌓은 축대예요.

📖 **대청**
방과 방 사이에 놓여 있는 마루예요.

선정전과 희정당 사이 길로 조금 가다가 오른쪽으로 꺾어 들면 왕비가 살았던 대조전이 있어요. 대조전의 정문인 선평문을 열고 들어서면 높은 **월대** 위에 웅장하면서도 단정한 대조전 건물이 나타나지요.

지금은 월대 주변이 틔어 있어 대조전 대청 안까지 훤히 들여다 볼 수 있어요. 하지만 원래는 대문에 들어섰을 때 **대청** 안이 보이지 않도록 건

오늘은 중전과 함께 편안한 밤을 보내야겠군.

대조전
왕비가 생활하던 곳이에요. 창덕궁의 역사만큼 많은 분이 나고 돌아가셨어요.

물 앞쪽과 양옆에 가리개를 쳐 놓았었어요. 함부로 왕비가 거처하는 곳을 볼 수 없도록 한 것이지요. 대조전 앞과 옆의 행각에는 상궁이나 궁녀들이 생활했어요. 그리고 대조전은 왕과 왕비가 태어나고 돌아가신 역사 깊은 곳이에요. 대조전에서는 성종, 인조, 효종이 돌아가시고, 현종은 부속 건물인 양심각에서, 순종은 흥복전에서 돌아가셨어요. 그런가 하면 영조의 왕비 정성왕후가 대조전 관리각에서, 순조의 왕비 순원왕후가 대조전 양심각에서 돌아가셨고, 익종은 대조전에서 태어났어요.

지금의 대조전 건물은 일제 강점기인 1917년에 화재가 나서 타버린 것을 다시 지은 것이에요. 당시 대조전의 불은 단순한 실수로 일어났는데, 목조 건물이라서 단숨에 건물 전체로 불이 번졌어요. 마침 그곳에 있던 순종과 왕비는 의관을 제대로 갖추지도 못한 채 빠져나와 급히 연경당에 피신했지요.

그런데 당시는 일제 강점기인지라, 대조전의 복구 공사를 일본인들이 주도했어요. 그때 기본적인 구조는 화재 이전과 같게 했지만 실내 장식, 채광, 통

수라간

대조전을 돌아 나오다 보면 타일로 만든 건물이 나와요. 이 건물은 왕의 음식을 만들던 수라간이지요. 다른 궁궐의 수라간은 일제 강점기 때 모두 사라지고, 현재 유일하게 남은 수라간이랍니다. 일본인들은 수라간을 없애 조선의 궁궐을 단순한 구경거리로 만들려고 했거든요. 그나마 창덕궁의 수라간도 고종 때 현대식으로 바뀌어 옛날 모습은 찾아보기 힘들어 안타까워요.

현대식으로 고친 수라간

앙부일구
세종 대에 만든 우리나라 해시계예요. 대조전 앞에 모형이 있어요.

채광
창을 통해 빛이 건물 안으로 들어오게 하는 건축 기술이에요.

🏛 **통풍**
건물 안으로 바람이 들고 나가게 하는 것을 말해요.

🏛 **배수**
안에 고여 있는 물을 밖으로 퍼내거나 다른 곳으로 내보내는 것이에요.

풍, 배수 방법을 맘대로 서양식으로 바꾸었어요. 더 엉뚱한 일은 공사 중에 부족한 목재를 경복궁의 교태전을 헐어 사용했다는 거예요. 그때 헐린 경복궁의 건물들은 교태전, 강녕전, 동행각, 서행각, 연길당, 경성전, 연생전, 인지당 등이에요. 이렇게 대조전은 복구되었지만 본래의 모습은 어디에서도 찾을 수가 없게 되었어요.

불귀신을 물리치는 드무

이제 대조전을 자세히 볼까요? 먼저 축대 위에 가마솥 같은 것이 보일 거예요. 이것을 '드무'라고 하죠. 목조 건물에서 가장 두려운 것이 화재예요. 그래서 옛 사람들은 화재를 예방하려고 드무를 설치했어요. 옛 사람들은 건물 드무에 물을 가득 채워 놓으면 침입해 오던 불귀신이 드무의 물에 비친 자신의 모습을 보고 깜짝 놀라 달아난다고 믿었어요. 정말 재미있는 상상이죠?

대조전 앞 드무
궁궐에는 불을 막기 위한 다양한 형태의 드무가 있어요.

대조전 월대의 드무 중에는 손잡이가 달려 있는 것도 있고 없는 것도 있으며, 그릇 입 언저리가 벌어져 있는 것도 있고 안으로 오므라든 것도 있어요. 전하는 말에 의하면 해마다 동지를 맞아 대조전에서 팥죽을 쑬 때 이 드무를 사용했다고 해요. 이때 사용한 것이 입 언저리가 넓은 것인데, 특별히 '부전주'라고 불렀어요. 동짓날 팥죽의 붉은 색은 **벽사**의 의미를 가지고 있는데, 그렇게 보면 드무도 궁궐의 나쁜 기운을 물리치기 위한 것임을 알 수 있어요.

🏛 **벽사**
요사스럽고 사람을 해치는 귀신을 물리쳐요.

용마루가 없는 대조전 지붕

보통 목조 건물의 지붕에는 길게 뻗은 용마루가 있는데 대조전 지붕에는 용마루가 없어요. 대조전처럼 용마루가 없는 건물은 창경궁의 통명전, 경복궁의 강령전과 교태전 등이지요. 이 건물들은 모두 왕이나 왕비의 침전이에요. 왜일까요? 그 이유는 침전의 편액에 써 있는 뜻을 풀어 보면 알 수 있어요.

창덕궁 대조전의 '대조(大造)'라는 말은 '큰 공', '위대한 창조', 또는 '큰 것을 만들어 냄'이라는 뜻을 지니고 있어요. 이 말들은 다름아닌 지혜롭고 현명한 왕자를 생산해야 한다는 것을 두고 한 말이에요.

왕세자가 왕위에 오를 때 '등극한다'고 하지요. 등극이란 북극성의 자리에 오른다는 뜻이에요. 옛 사람들은 훌륭한 왕자를 낳으려면 하늘과 땅의 기운이 잘 통하고, 음과 양의 기운이 조화되어야 한다고 믿었기 때문에 용마루 같은 장애물은 없앤 거랍니다.

혼을 부르는 용마루

조선 시대에는 왕이 숨을 멈췄을 때 대궐의 용마루에 올라갔어요. 왕을 모셨던 내시가 왕의 평상복을 흔들며 '복(復)'을 세 번 외치면서 떠나는 혼을 다시 부른 것이지요. 이렇게 혼을 불렀는데도 왕이 깨어나지 않으면 비로소 왕이 돌아가셨다고 발표했답니다. 궁궐내 왕족이나 신하는 이 의식을 보고 왕이 승하했음을 알았지요.

편액
방이나 문 위에 걸어 놓는 액자예요. 그림이나 글씨를 써서 걸어 놓았어요.

용마루가 없는 대조전의 지붕

비운의 전각
낙선재

낙선재와 덕혜옹주

덕혜옹주는 고종이 60살에 낳은 딸이에요. 고종은 덕혜옹주를 무척 사랑해서 전용 유치원을 세워주었다고 해요. 그러나 일본인들은 덕혜옹주를 강제로 일본으로 보내 일본 사람과 결혼시켰어요. 일본인의 감시와 부모님의 죽음으로 심한 우울증에 시달리던 덕혜옹주는 해방 이후에도 오랫동안 고국으로 돌아오지 못했어요. 1963년 한국으로 돌아와 이방자 여사와 함께 낙선재에서 생활하다 1989년에 세상을 떠났어요.

🏠 **은거**
몰래 숨어서 사는 것을 말해요.

대조전을 나와 후원으로 가다보면 오른쪽 언덕 아래에 보이는 건물이 바로 낙선재예요. 원래는 창경궁에 속했던 건물이지요. 이곳은 구한말 순종이 돌아가신 뒤 순종효황후가 은거하다가 돌아가신 곳이에요. 그리고 조선의 마지막 황태자인 영친왕이 생을 마감한 곳이기도 해요. 영친왕은 일본인들의 일방적인 결정으로 일본 여인 이방자 여사와 정략적으로 결혼했고, 이방자 여사도 우여곡절 끝에 한국으로 와 이 낙선재에서 1989년에 세상을 떠났어요. 부귀를 누리며 오래 살기를 바라는 뜻을 담은 글귀가 기둥에 쓰여 있고, 담장에는 아름다운 문양들이 새겨져 있어요. 그리고 누마루 밑의 구름 문양은 공중에 떠 있는 누마루를 구름 위에 떠 있는 것에 비유한 거예요.

낙선재
조선의 마지막 왕손들이 생을 마감한 슬픈 장소예요.

낙선재 뒤뜰과 상량정

　낙선재 누마루 밑을 지나 건물 뒤쪽으로 가면 한적한 뒤뜰이 있어요. 계단식으로 꽃밭을 만들고 여러 종류의 꽃나무를 심었어요. 신비로운 모양의 괴석을 가져다 두고 연못을 파는 등 볼거리도 가득하지요.

　여기서 눈여겨볼 것은 괴석을 올려 놓은 돌 화분이에요. 이곳에는 '소영주'라는 글씨가 새겨져 있는데, 영주는 신선이 사는 삼신산 중의 하나이지요. 낙선재 뒤뜰이 바로 신선이 사는 곳임을 상징하지요.

　화계* 위쪽으로 나 있는 계단을 올라가면 작은 문 안쪽에 상량정이라고 하는 아름다운 육각 정자가 있어요. 천장의 육각형 평면에는 분홍색 복숭아가 모퉁이마다 그려져 있고, 그 사이 사이로 그려진 박쥐, 쌍학, 청룡의 모습이 환상적이에요. 박쥐는 복을, 학은 장수를 상징하지요. 복숭아는 서왕모가 키운다는 불로불사약*을 뜻하는 것으로 건강하게 오래 살고 싶은 낙선재 주인의 염원을 담고 있어요.

* 화계: 계단처럼 만든 꽃밭을 말해요.
* 불로불사약: 늙지도 않고 죽지도 않는 약이에요.

> 낙선재 주인들은 뒤뜰에 신선의 나라를 만들고 싶었던 모양이군.

창덕궁의 아름다운 후원

창덕궁 후원은 궁궐 뒤쪽 넓은 터에 정자, 누각 등을 짓고 연못, 꽃밭, 돌조각, 돌화분, 석등을 놓은 곳이에요. 왕과 그 가족들이 휴식하고 즐길 수 있도록 만든 후원이지요.

그동안 많은 사람들이 창덕궁 정원을 비원이라고 불렀어요. 하지만 비원은 한 나라 왕의 후원을 단순한 일반 정원으로 깎아 내리려는 일본인들이 부르던 이름이랍니다. 조선 시대에는 이곳을 북원, 금원, 또는 후원이라 불렀

고, 이 중에서도 후원이라는 말을 가장 많이 썼으니 우리도 창덕궁 후원이라고 부르는 것이 옳겠지요.

　후원을 산책하면서 자세히 보면 이곳이 우리 나라 산천과 똑같이 나지막한 산과 골짜기로 이루어져 있음을 알 수 있어요. 골짜기 곳곳마다 실개천이 흐르고, 도처에 맑은 샘물이 솟아나고 있지요. 창덕궁 후원은 까치를 비롯한 여러 새들이 나뭇가지 사이로 오가고, 다람쥐, 청설모 등이 뛰노는 깨끗한 자연 환경을 갖추고 있어요. 이러한 자연 환경을 최대한 지키면서 사람의 손길을 최소한으로 줄인 점이 바로 창덕궁의 매력이랍니다.

왕이 뱃놀이 하던
부용지

낙선재에서 나와 창덕궁 담장을 오른쪽에 끼고 오르막길을 따라가다 보면 크고 네모난 연못이 있어요. 그 주변에는 여러 채의 건물이 서 있어요. 여기가 바로 연꽃이란 이름을 가진 부용지예요.

부용지에는 용 모양으로 생긴 **입수구**가 있는데, 비가 웬만큼 오지 않는 이상 물이 흐르는 것을 볼 수 없어요. 그래도 부용지의 물은 마르지 않는답니다. 왜일까요? 부용지는 바로 4개의 우물터에 세운 연못이라 언제나 신선한 물이 공급되기 때문이지요. 기록에 따르면 세조 때 지금 부

입수구
물이 들어오는 구멍을 뜻해요.

부용지
왕이 이곳에서 뱃놀이와 시짓기를 즐겼어요.

나도 왕처럼 여기서 뱃놀이를 하고 싶다!

용지 터에서 4개의 우물을 발견했다고 해요. 그 뒤 숙종 대에 이르러 이곳을 연못으로 다듬은 것이지요. 부용지를 자세히 보면 네모난 연못에 둥근 섬이 떠 있는 것을 볼 수 있어요? 바로 '땅은 네모이고 하늘은 둥글다.'고 생각한 옛사람들의 우주관이 담겨 있어요.

부용정
십(十)자 모양의 독특한 정자예요.

연꽃 같은 부용정

부용지에 두 기둥을 담그고 있는 아름다운 정자가 바로 부용정이에요. 부용정은 보는 위치에 따라 그 느낌과 형태가 달라져 보는 즐거움이 있답니다.

부용정은 십(十)자를 기본으로 한 평면 위에 가느다란 원기둥을 세워 지은 **겹처마**의 단층 정자예요. 우리나라에서 십자 형태의 집은 아주 드문 형태이니 꼼꼼히 살펴보세요. 정자 안에는 모두 4개의 방이 있는데 문을 걷어서 천장에 매달면 널따란 공간으로 변한답니다.

> **정조가 꼽은 상림십경**
> 정조는 창덕궁과 창경궁 후원에서 가장 아름다운 풍경 10가지를 뽑아 '상림십경'이라고 칭했지요. 그 중에서 창덕궁에 관련된 것이 총 8가지나 되어요.
> 망춘문앵 : 망춘정에서 듣는 꾀꼬리 소리
> 천향춘만 : 천향각에서 바라보는 늦봄의 경치
> 어수범주 : 어수문 앞에서 즐기는 뱃놀이
> 소요유촉 : 소요정에서 돌리는 술잔
> 희우상련 : 희우정에서 즐기는 연꽃
> 청심제월 : 청심정의 달 구경
> 영화시사 : 영화당에서 시험을 치르는 선비들
> 능허모설 : 능허정에서 보는 저녁 눈

 **겹처마**
처마 끝에 짧은 서까래를 덧댄 처마예요.

조선의 궁궐 이야기를 기록한 《궁궐지》에 따르면 숙종이 이곳에 택수재라는 건물을 지었는데, 정조가 이름을 부용정이라고 바꾸었다고 해요. 여기서 왕은 신하들과 어울려 뱃놀이를 즐기고 시를 읊었는데, 부용정 기둥에는 이곳의 풍광을 노래한 시가 걸려 있어요.

과거 급제를 꿈꾸는 잉어 조각

부용지에서 나오다 보면 돌담 모퉁이에 물고기 한 마리가 물 위로 뛰어 오르는 모습이 새겨져 있어요. 이 작은 잉어 한 마리에도 많은 뜻이 담겨 있답니다.

옛 사람들은 장원급제하기 위해 열심히 공부하는 선비를 잉어에 비유하고, 과거에 급제하여 높은 관직에 오르는 것을 잉어가 용으로 변하는 것에 비유했어요. 용문에 얽힌 설화에 따르면 용문은 중국 황하의 **협곡** 이름인데, 잉어가 용문의 급류를 헤치고 올라서면 바로 용으로 변한다는 전설이 있어요. 용이 되고 싶은 잉어들은 해마다 용문으로 모여들지만, 그 중 힘센 잉어만 협곡을 뛰어 넘어 용문에 올라 용으로 변한다고 해요. 그래서 후세 사람들은 용문에 오른다는 뜻의 '등용문'을 높은 자리에 오른다는 뜻으로 사용했지요.

잉어 조각
물고기가 용이 되길 바라는 마음, 즉 훌륭한 관리가 되고자 하는 마음을 담았어요.

🏠 **협곡**
험하고 좁은 골짜기예요.

여기서 잠깐

다음은 주합루 앞에 있는 어수문이에요. 어떤 용도로 쓰였는지 다음 빈 칸을 완성하세요.

어수는 (   )과 (   )를 뜻하는 말이에요. 물고기가 물을 떠나 살 수 없듯이 (   )들은 (   )의 뜻을 잘 살펴야 한다는 뜻이 담겨 있어요. 어수문은 총 3개인데 가운데 문은 (   )이 사용했고, 양쪽 작은 문은 (   )들이 사용했답니다.

보기 물, 신하, 왕, 물고기, 왕, 신하

어수문

주합루와 영화당

부용정을 마주 보고 있는 건물이 주합루예요. 주합루의 1층은 수만 권의 책이 보관되어 있는 서고이고, 2층은 책을 읽던 곳이었어요. 정조는 학문이 뛰어난 사람들을 뽑아서 이곳 주합루에서 공부하도록 하였어요.

주합루
옛날에 규장각이 있던 곳이에요.

이들이 함께 공부하고 학문에 몰두하던 기관을 규장각이라고 해요. 규장각은 원래 왕의 글씨와 글을 보관하던 곳인데 정조는 젊은 인재들이 공부하고 학문에 몰두할 수 있는 기관으로 확대했지요. 정약용, 이덕무, 채제공 같은 훌륭한 인물들이 이곳에서 활동했답니다. 주합루 현판은 정조가 직접 쓴 글씨랍니다.

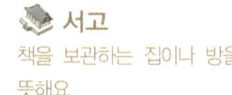
서고
책을 보관하는 집이나 방을 뜻해요.

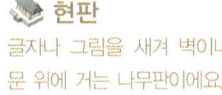
현판
글자나 그림을 새겨 벽이나 문 위에 거는 나무판이에요.

연못 동쪽에 있는 영화당 앞마당은 왕을 모시고 과거 시험을 보는 장소였어요. 왕 앞에서 보는 최종 시험이 이곳 영화당 앞마당에서 펼쳐진 것이지요. 영화당의 현판도 영조가 직접 쓴 글씨랍니다.

영화당
옛날에는 이곳에 작은 연못이 있었다고 하는데 지금은 사라졌어요.

연꽃 향기 가득한
애련지 주변

금마문
기오헌, 의두각으로 들어가는 입구에 금마문이 있어요.

부용지에서 북서쪽으로 난 길을 따라가다 보면 애련지에 못미처서 왼쪽으로 금마문이 나와요. 왕의 무병장수를 바라는 문이지요. 금마문은 삼천 년을 살았다는 **삼천갑자 동방삭이**가 금마문시중이라는 벼슬을 했다는 설화를 따서 지은 이름이에요. 왕이 동방삭이처럼 오래 살게 해달라는 염원을 담았지요.

📖 **삼천갑자 동방삭이**
중국의 《한서》에 나오는 사람이에요. 무제가 사후 세계를 다스리는 서왕모에게 선물 받은 죽지 않는 천도복숭아를 훔쳐 먹었지요. 그 죽지 않고 3천 년을 살았고 장수의 상징이 되었어요.

📖 **추존**
왕위에 오르지 못하고 죽은 이에게 왕의 칭호를 주는 걸 뜻해요.

독서하기 좋은 기오헌과 의두각

금마문을 들어가면 기오헌과 의두각이 있어요. 기오헌과 의두각은 효명세자가 할아버지인 정조처럼 훌륭한 군주가 되고 싶어서 주합루 뒤쪽에 기오헌과 의두각을 짓고 열심히 책을 읽었다고 해요.

효명세자는 궁중무용을 모아서 정리하고, 12권이 넘는 문집도 남겼지요. 유난히 총명했던 효명세자는 22세의 젊은 나이에 세상을 떠났고, 후에 익종으로 **추존**됐어요.

무병장수를 비는 불로문

금마문을 나와 북쪽으로 조금 더 올라가면 왼쪽으로 돌문이 하나 보여요. 이 문은 한 장의 바위를 디귿자(ㄷ) 모양으로 다듬어 만든 불로문이에요. 이 문은 여러 개의 바위로 만든 것이 아니라 왕의 무병장수를 비는 문으로 이 문을 지나가면 늙지 않는다고 해요.

지금은 불로문에 문짝이 없지만 양쪽 기둥에 **돌쩌귀**가 있는 것으로 보아 원래는 문짝이 있었던 것으로 추측돼요. 또 《궁궐지》에 따르면 이곳에 불로지라고 하는 연못도 있었다고 해요.

기오헌
온돌방과 대청마루로 구성돼 있어요. 이곳에서 순조의 아들 효명세자가 독서를 했지요.

의두각
방 한 칸의 건물이에요. 의두각이란 효명세자가 할아버지 정조를 기대고 의지한다는 뜻으로 지었어요.

📖 **돌쩌귀**
문짝을 여닫는 데 쓰는 쇠붙이를 말해요.

군자의 향기가 느껴지는 애련정

불로문 안쪽으로 넓은 연못이 있고, 그 중앙에 애련정이 있어요. 애련정은 평면이 네모난 정자로 두 기둥은 물에 잠겨 있어요. 네 면에는 창문을 달지 않고 기둥에 낙양각을 드리워 운치를 더했지요.

옛날에는 왕과 신하들이 애련정에 올라 앉아 애련지에 핀 연꽃을 감상하면서 여유를 즐겼어요. 애련이라는 말은 연꽃을 사랑한다는 말이에요. 옛 선비들은 연꽃이 진흙 속에서 나왔으면서도 깨끗하고, 화려하지 않은 것을 사랑했어요. 향기는 멀수록 더욱 맑게 퍼지고, 멀리서 바라볼 수는 있지만 함부로 꺽을 수 없는 것이 **군자**의 기품을 닮았다고 생각했어요.

군자
행실이 점잖고 어질며 덕이 높은 사람을 뜻해요.

애련정의 구조

내림마루
용마루나 지붕 꼭대기에서 처마 쪽으로 내려오는 마루를 말해요.

겹처마
처마는 겹처마와 홑처마로 나뉘어져요. 서까래만 이용한 처마를 홑처마라고 하고, 서까래에 나무를 한층 연장시킨 처마를 겹처마라고 해요.

초석
기둥과 땅 사이에 괴어 놓은 돌을 초석이라고 해요. 기둥의 무게를 받쳐 건물을 튼튼하게 하지요.

절병통
사각형이나 육각형, 팔각경의 지붕은 꼭대기에서 한군데로 모이게 돼요. 이곳에 항아리 모양의 장식을 하는데, 이것을 절병통이라고 해요.

낙양각
기둥과 천장 사이에 나무 조각을 장식한 낙양각이에요. 낙양각을 설치하면 안에서 밖을 내다볼 때 그림을 보는 듯한 효과를 느낄 수 있어요.

평난간
난간은 크게 닭 벼슬 모양의 계자 다리가 있는 계자 난간과 계자다리가 없는 평난간으로 나뉘어요.

구조가 독특한
관람정과 존덕정

연경당을 나와 애련지 옆길을 따라 들어가다 보면 관람정이 서 있는 반도지라는 호수가 나와요. 이 호수는 일본 사람들이 만든 호수예요. 관람정은 부채꼴 모양의 정자예요. 이렇게 정자를 지으면 정자에 올랐을 때 앞의 경치를 넓고 시원하게 볼 수 있어요. 관람정 맞은 편 언덕 위에는 육각형 모양의 존덕정이라는 정자가 있어요. 울창한 숲에 싸여 있는 이 정자에 올라 반도지 주변을 바라보면 마치 신선들이 사는 곳처럼 아름답지요.

존덕정의 보개천장

사각형과 육각형의 조화가 매우 아름다운 천장은 가운데는 왕을 상징하는 황룡과 청룡을 장식해 존덕정이 왕의 정자임을 알려주지요. 이렇게 가운데를 높게 만들어 용이나 봉황 등을 장식한 천장을 보개천장이라고 해요.

존덕정
정조가 쓴 글씨가 있어요. 정조는 창덕궁 후원에서 많은 시를 노래했어요.

관람정
우리나라에서 유일한 부채꼴 모양의 정자예요.

궁궐 속 사대부 집, 연경당

자유로운 공간 개념

한옥의 특징 중 하나가 열린 공간을 가지고 있다는 거예요. 문을 떼거나 붙이면 공간이 넓어졌다, 좁아졌다 할 수 있으니까요. 바깥문은 평소에는 닫아 두었다가 날씨가 더우면 문짝을 포개어 한쪽 끝을 처마에 매달아 두기도 했답니다. 이렇게 하면 자연이 그대로 방 안으로 옮겨 오는 효과를 누릴 수 있어요.

연경당은 궁궐 안에 사랑채, 안채, 행랑채, 서재, 후원, 정자 및 연못을 완벽하게 갖춘 사대부의 주택이에요. 그래서 이 집은 단청을 하지 않았답니다. 연경당은 예전에 99칸 집이라 불렸는데, 현재 남아 있는 건물은 109칸 반에 이르러요.

이 집은 건축적으로도 뛰어난 짜임새와 만듦새를 보여 주고 있어요. 창문, 벽 등에서 보이는 화려하고 섬세한 기법이나, 기둥, 보, 서까래의 세련된 가공에서 보이는 솜씨는 일반 사대부 주택의 수준을 훨씬

선향재
연경당의 서재 겸 응접실로 썼어요.

연경당
궁궐 안에 있는 사대부의 집이에요.

문 열린 방
99칸 집의 면모를 느낄 수 있어요.

넘어선 것이지요.

　기록에 따르면 순조 28년(1828년) 순조에게 **존호**를 올리는 경축행사를 치르기 위해 연경당을 건축했다고 전해져요. 또 순조의 아들인 효명세자가 사대부의 생활을 알고 싶다고 왕에게 요청해 지은 건물이라는 이야기도 전해지지요.

> 🏠 **존호**
> 왕이나 왕비의 덕을 기리기 위해 올리던 칭호예요.
>
> 🏠 **선계**
> 신선들이 근심 걱정 없이 사는 세계를 말해요.

달나라에 살고 있는 두꺼비

　연경당 앞 작은 돌다리 왼쪽으로 돌 화분에 심은 괴석이 있어요. 이 돌화분 위쪽 모서리마다 두꺼비 네 마리가 조각되어 있는데, 이 두꺼비는 '항아분월'이라는 설화에서 따왔답니다.

연경당 앞 석분

　옛날에 갑자기 열개의 태양이 동시에 떠서 세상이 불바다가 된 적이 있었어요. 그때 예가 해를 쏴서 세상을 구하고 그 공로로 불로불사약을 선물 받았어요. 그러나 예의 아내 항아가 그 약을 몰래 훔쳐 먹고 달나라로 도망쳐 버렸지요. 그 뒤에 항아가 달나라에서 두꺼비로 변해 편안하게 살고 있다고도 하고, 신선처럼 살았다고도 해요. 어쨌든 옛 사람들은 항아가 도망친 달에서 항아처럼 오래오래 살기를 기원하였어요.

　한편, 대조전 뒤뜰의 굴뚝에는 토끼가 새겨져 있어요. 옛날 사람들은 해는 남성이고, 달은 여성이라고 생각했어요. 또 달에는 근심 걱정 없이 사는 신선들이 사는 궁전이 있다고 믿었고, 옛 여인들은 그런 **선계**에서 살고 싶다는 소망을 담아서 두꺼비와 토끼를 장식하면 자신들의 집이 달의 궁전처럼 편안해질 것이라고 믿었답니다.

대조전 뒤뜰 굴뚝

풍류놀이의 장소, 옥류천

존덕정을 둘러보고 경사진 길을 따라 올라가 보세요. 그 길을 쭉 따라 계속 가다 보면 아래쪽 깊숙한 곳에 옥류천이 있어요. 이 구역에는 소요정, 태극정, 청의정 등의 아름다운 정자들이 있답니다. 그 사이로 맑고 차가운 실개천이 흐르고 있고요.

인조가 직접 '옥류천(玉流川)'이라고 쓴 글씨예요.

길을 더 올라가면 소요정 서쪽 산비탈 근처에 샘이 하나 있어요. 이 샘에서는 맑고 시원한 생수가 솟아나고 있지요. 이 샘 아래쪽에 커다란 바위가 있고, 그 바위에 '玉流川(옥류천)'이란 세 글자와 다음과 같은 오언 시구가 새겨져 있어요. 그 내용을 풀이해 보면 이렇답니다.

> 날아 흐르는 물은 삼백척이요
> 아득히 떨어지는 물은 구천에서 내린다
> 볼 때는 흰 무지개가 일고
> 기운찬 소리는 온 골짜기에
> 천둥 번개를 이룬다.

옥류천 바위 앞쪽 편편한 바위에는 얕은 물길을 구불구불하게 파 놓았어요. 이유가 무엇일까요?

예로부터 곡수연이라고 하는 풍류놀이가 있었어요. 곡수놀이는 선비들이 굽이치는 물가에 앉아 술잔을 띄우고 그 술잔이 자기 앞을 지나기 전에 시를 짓고 잔에 있는 술을 마시는 풍류놀이예요. 옛날부터 우리 나라 사람들은 아름다운 자연을 즐기는 다양한 풍류놀이를 즐겼답니다.

곡수연은 서기 353년 진나라의 유명

오언시구
한자 5개가 한 줄을 만드는 시예요.

풍류놀이
멋스럽고 풍치있게 노는 일을 말해요.

왕이 사랑한 소요정, 태극정

소요정은 옥류천을 한눈에 조망할 수 있는 정자예요. 소요정이란 이름은 장자의 '소요유'에서 따온 말로, '유유자적하게 노닐다.'라는 뜻을 갖고 있어요.

소요정 뒤쪽으로 보이는 소박한 한 칸짜리 정자는 태극정이에요. 음과 양처럼 만물이 조화로워야 한다는 뜻의 정자예요. 이 두 정자는 특별히 왕들의 사랑을 듬뿍 받았어요. 인조는 이 두 정자를 다시 지어 완성했고, 정조는 태극정기라는 시를 남겼어요. 숙종은 태극정, 소요정, 청의정을 '상림삼정'이라고 말하며 창덕궁에서 가장 아름다운 곳이라고 칭찬했지요.

소요정

태극정

한 서예가 왕희지가 시작했어요. **삼월 삼짇날** 친한 시인들과 함께 난정이라는 정자에 모여 술잔을 띄워 놓고 시를 지었다고 해요. 그 후 곡수연 놀이는 선비나 귀족들이 즐기는 대표적인 풍류놀이로 전해내려 오지요.

기록에 따르면 조선 시대에도 많은 선비들이 곡수연을 즐겼다고 해요. 조선 후기의 〈시회도〉에는 곡수놀이를 하는 선비들이 그려져 있지요. 굽이치는 물가에 선비들이 띄엄띄엄 앉아 있고, 상류 쪽에서는 아이가 열심히 술을 잔에 퍼 담는 모습이 그려져 있지요.

📖 **삼월 삼짇날**
음력 3월 3일이에요. 남쪽으로 간 제비가 돌아온다는 때이지요.

◀ **동궐도 속의 청의정과 옥류천 바위**
경복궁 동쪽에 있는 창덕궁과 창경궁이 보여요. 볏집으로 지붕을 이은 청의정과 옥류천 바위의 모습이 있어요.

동궐도 ▼
창덕궁과 창경궁의 원래 모습을 알 수 있는 자료예요. 특히, 궁궐 전각이나 정자, 그리고 나무 하나까지 정교하게 그린 그림이어서 조선 후기 궁궐 건축 양식에 대해 알 수 있어요.

왕이 농사 짓던
청의정

옥류천을 지나다 보면 화려한 궁궐에 어울리지 않을 듯한 초가 지붕의 정자가 있어요. '맑고 깨끗한 잔물결'이라는 뜻의 청의정이에요. 청의정 앞에 있는 자그마한 논은 왕이 직접 농사를 짓던 곳이에요. 직접 농사를 지어봄으로써 그 해의 농사가 풍년인지 흉년인지 알아보고, 백성들의 농사짓는 생활을 알기 위한 장소였지요. 청의정의 초가 지붕은 바로 이 논에서 추수된 볏집으로 만든 것이랍니다.

청의정은 사각형의 누각에 팔각지붕을 얹고, 다시 둥글게 초가를 얹었어요. 이 역시 천원지방의 세계관을 보여주는 구조이지요. 옛날에는 이 논에 개울물이 흘러 들어왔다고 하는데, 지금은 주변에 건물이 늘어나면서 물길이 끊기고 말았어요. 하지만 요즘 다시 모내기 행사와 지붕 잇기 행사를 시작했답니다. 청의정에서는 매년 봄 모내기 행사와 더불어 가을에는 추수 행사까지 있답니다.

청의정

모내기 행사

> 창덕궁은 정말 정원이 아름다운 궁궐이야.

 # 창덕궁을 나서며

    창덕궁 후원 안에 많은 정자는 모두 숲과 계곡이 만드는 아늑한 공간 속에 자리 잡고 있거나 물가에 나지막하게 서 있답니다. 숲 속에 정자를 앉힐 때도 인공적인 부분을 최소한으로 줄이려고 노력했지요.

    또 창덕궁 후원에는 서양식 정원에서 흔히 볼 수 있는 분수가 없어요. 우리 조상들은 물을 하늘을 향해 치솟게 하는 것이 물의 본성을 거스르는 일이라고 생각했기 때문이지요. 사계절이 뚜렷한 자연 속에서 살아 온 우리 조상들은 터를 넓게 닦고 그 위에 잔디를 까는 것 같은 인공적인 일은 결코 하지 않았어요. 봄이면 움이 트고 꽃이 피며, 여름이면 잎이 무성하고, 가을이면 단풍이 들고 열매 맺으며, 겨울이면 힘찬 가지에 눈꽃이 하얗게 피는 나무를 심고

계절마다 변하는 자연 풍경을 즐겼답니다.

　외국인들 중에는 한국의 전통 정원이 규모가 작다고 말하는 사람이 있어요. 그러나 사람이 만든 정원은 제아무리 크다고 해도 한계가 있는 법이에요. 우리의 창덕궁 후원은 끝이 없는 대자연의 경치를 빌려 와 만든 정원이에요. 그러니 세계의 정원 중에 창덕궁 후원처럼 규모가 큰 정원은 또 없겠지요?

　또 어떤 사람은 한국의 정원은 일본에 비해 정돈되어 있지 않고 질서도 없다고들 말해요. 그러나 자연의 지세와 지형을 그대로 유지하면서 꾸민 한국의 정원이야말로 가장 잘 정돈된 정원이라 할 수 있지요. 창덕궁 후원이야말로 자연과 인간이 함께 만들어 낸 가장 규모가 크며, 가장 잘 정돈된 정원이라 할 수 있는 거예요. 바로 이런 점 때문에 창덕궁 후원이 유네스코 세계문화유산에 등록될 수 있었어요.

나는 창덕궁 박사!

창덕궁 재미있게 둘러 보았나요? 어때요? 그동안 들은 설명을 잊어버리지는 않았나요? 그럼 지금부터 기억을 되살려서 아래 문제들을 풀어보세요.

❶ 알맞은 것끼리 연결해 보세요.

창덕궁에는 다양한 상징물들이 있어요. 이것들을 잘 살펴보고 알맞은 것끼리 연결해 보세요.

   •   품계석   •   •   화마를 제압하기 위해 용마루에 설치했어요.

   •   불로문   •   •   정일품부터 정구품까지 문무백관이 서는 자리를 표시하는 푯돌이에요.

   •   드무   •   •   금천교 아래에 있는 조각으로 잡귀를 물리친다고 하지요.

   •   귀면   •   •   이 문을 지나가면 늙지도 않고 죽지도 않는다고 해요.

   •   치미   •   •   화재를 대비해 큰 건물 앞에 물을 담아 놓은 그릇이에요.

❷ 빈 칸에 알맞은 낱말을 보기에서 골라 적어 보세요.

1) (　　)은 창덕궁에서 가장 오래된 건물이에요.
2) 궁궐은 임금이 (　　)를 보는 공간과 개인 (　　) 공간으로 분리되지요.
3) 왕비의 침전인 대조전은 일제 강점기 때 일본인들이 (　　)의 교태전 틀을 뜯어 지었어요.

보기
생활　　　　인정전　　　　집무　　　　경복궁

❸ OX 퀴즈를 풀어 보세요.

창덕궁에 대한 다음 설명을 읽고 맞으면 O, 틀리면 X로 답하세요.

1) 창덕궁은 궁이에요. (　　)
2) 창덕궁 선정전의 지붕은 청기와예요. (　　)
3) 대조전의 지붕에는 반드시 용마루가 있어요. (　　)
4) 낙선재는 단청이 아름다운 전각이에요. (　　)
5) 부용정은 부채꼴 모양의 정자예요. (　　)
6) 부용지의 둥근 섬은 둥근 하늘을 뜻해요. (　　)
7) 연경당은 임금님의 침전이에요. (　　)
8) 옥류천에 가면 인조 임금이 직접 쓴 옥류천(玉流川)이라는 글씨가 있어요. (　　)

❹ 창덕궁에 대해 정리해 보세요.

창덕궁은 세계문화유산으로 지정된 아름다운 궁궐이에요. 창덕궁을 둘러본 소감과 앞으로 이곳을 지키기 위해 우리가 해야 하는 노력을 적어 보세요.

소감

1. _____

2. _____

3. _____

지키기 위한 노력

1. _____

2. _____

3. _____

창덕궁 지도를 만들어보아요

창덕궁은 잘 둘러보았나요? 궁궐 건물이 서로 비슷해서 조금 혼란스럽죠. 아름다운 창덕궁을 머릿속에 쏙 담기 위해서 창덕궁 지도를 만들어 보아요. 보았던 문화재를 다시 기억할 수 있고, 친구들에게 지도를 보며 창덕궁의 아름다움을 설명할 수 있어요.

1. 준비물을 챙기세요

창덕궁 지도, 창덕궁 답사 때 찍은 건물 사진, 도화지, 가위, 풀, 사인펜

2. 건물의 이름과 특징을 적어요

창덕궁을 돌아보는 동안 가장 인상 깊었던 건물이나 장소가 있을 거예요. 그곳의 목록을 적은 다음, 간단하게 설명을 덧붙이세요. 건물의 이름과 특징을 직접 적고 정리하면 오랫동안 기억할 수 있어요. 설명을 덧붙일 때 너무 길게 정리하면 지도가 복잡해지니까 간단하고 쉬운 말로 정리하세요.

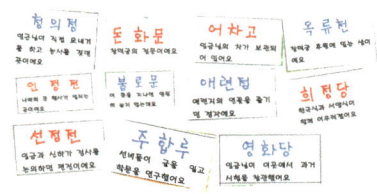

3. 창덕궁 사진을 준비해요

창덕궁 답사 때 구석구석 사진을 찍었을 거예요. 그 중에서 목록에 있는 사진을 작은 사이즈로 인쇄해요. 건물 크기가 2센티미터를 넘지 않게 해야 예쁜 지도를 만들 수 있어요. 사진을 컬러로 인쇄하기 어려우면 흑백도 괜찮아요. 혹시 그림 솜씨가 좋은가요? 그렇다면 그림을 그려도 색다른 느낌이 날 거예요.

4. 바탕을 그리고 사진을 붙여요

이 책의 '한눈에 보는 지도'를 보고 창덕궁의 바탕 지도를 그려요. 이때 너무 진한 색을 쓰거나 한 가지 색만 쓰면 단조로워질 수 있으니 개성을 듬뿍 살려 그리세요. 그리고 오려 놓은 창덕궁 사진을 정확한 위치에 붙이세요. 건물의 위치가 떠오르지 않으면 지도를 보고 붙여도 괜찮아요. 각 건물의 특징을 잘 생각하면서 붙이면 창덕궁의 모습이 한눈에 그려질 거예요.

5. 설명을 붙여요

사진 옆에 건물을 설명하는 카드를 붙이세요. 그 건물에서 있었던 옛 이야기가 떠오르면 간단하게 메모를 덧붙여도 좋아요. 사진 옆에 공간이 있으면 바로 옆에 붙이고, 공간이 없으면 서로 번호를 붙이거나, 선 긋기로 연결해도 괜찮아요.

내가 만든 창덕궁 지도

지도 그리기
궁궐이나 유적지에 가면 정문 근처에 안내도가 있을 거예요. 안내도는 창덕궁을 이해하는데 필요하니 꼭 챙기세요. 지도의 바탕을 그리는 데도 도움이 될 거예요.

지도 꾸미기
지도를 완성하고 나면 왠지 허전해 보이는 곳이 있을 거예요. 그곳에 나무나 꽃 바위 혹은 지나가는 사람을 그려 보세요. 보는 사람이 씽긋 웃을 수 있게요.

자연물 표시하기
호수나 바위, 큰 나무 같은 자연물을 미리 지도에 표시해 두세요. 그래야 건물의 위치를 쉽게 찾을 수 있어요.

사진 붙이기
인쇄한 사진을 모양대로 오려 보세요. 네모 반듯한 사진만 다닥다닥 붙어 있는 것보다 생동감이 있어요. 너무 예쁘게 만든 지도보다 개성이 듬뿍 담긴 지도가 더 눈길을 끌어요.

설명서
건물 설명을 쓸 때 색 사인펜이나 색연필을 사용하세요. 지도가 한층 화려해집니다. 색을 쓸 때는 궁궐과 후원, 인공물과 자연물 등, 구분해야 할 항목을 정해두면 훨씬 편리해요. 사진과 설명 사이가 멀어지면 선으로 연결하세요.

지도에 표시된 장소

- **청의정** 임금님이 직접 모내기를 하고 농사를 견학 꾸며예요
- **관람정** 경치가 잘 보이게 하려고 부채 모양으로 만들었어요
- **옥류천** 창덕궁 후원에 있는 샘이에요
- **연경당** 궁궐 안에 있는 일반 가옥이에요. 동백꾸 99칸이였다고 해요
- **애련정** 애련지의 연꽃을 즐기며 경기예요
- **주합루** 선비들이 궁을 읽고 학문을 연구했어요
- **불로문** 이 문을 지나면 영원히 늙지 않는대요
- **영화당** 임금님이 이곳에서 과거 시험을 참관했어요
- **부용정** 임금님이 뱃놀이를 하며 시를 지었어요
- **대조전** 왕비가 머물던 건물로 용마루가 없어요
- **선정전** 임금과 신하가 경사를 논의하던 편전이에요
- **희정당** 한국식과 서양식이 함께 어우러졌어요
- **낙선재** 순종 황비의 윤비와 덕혜왕이 돌아가신 곳이예요
- **인정전** 나라의 큰 행사가 열리는 곳이예요
- **어차고** 임금님의 차가 보관되어 있어요
- **돈화문** 창덕궁의 정문이예요

조선의 역사가 깃든 궁궐,
창경궁

 창경궁은 경복궁, 창덕궁에 이어 세 번째로 지은 조선 시대의 궁궐이랍니다. 창경궁은 왕실의 웃어른을 모시기 위해 세운 궁궐이에요. 그래서 창덕궁과 담을 사이에 두고 붙어 있지요. 창경궁은 창덕궁의 별궁이었지만, 파란만장했던 조선의 역사를 그 어느 궁궐보다 고스란히 담고 있답니다. 창경궁을 돌아보면서 조선 시대 왕들의 깊은 효심과 조선의 아픈 역사를 알아보아요. 자, 그럼 지금부터 창경궁에 서려 있는 이야기 속으로 여행을 떠나 볼까요?

미리 알아 두세요

관람 시간
09:00~21:00 (20:00까지 입장)
관람료
만 7~18세 500원 / 만 19~64세 1,000원
쉬는 날 매주 월요일
문의 02) 762-4868
주소 서울 종로구 창경궁로 185
홈페이지 http://cgg.cha.go.kr

가는 방법

지하철 4호선 혜화역 4번 출구에서 성균관대학교 방면으로 300미터 정도 간 뒤 횡단보도를 건너 국립서울과학관을 지나면 돼요.
버스 파랑 104, 106, 107, 108, 140, 143, 149, 150, 161, 162, 171, 172, 272, 301
초록 1018 / 빨강 9410

한눈에 보는 창경궁

안내도를 보니 창경궁이 한눈에 다 보이네요. 옛날에는 창경궁의 건물들이
빼곡했지만, 지금은 남아 있는 건물이 얼마 되지 않아요.
일제 강점기를 거치면서 창경궁의 많은 건물들이 훼손되었기 때문이지요.
창경궁은 다른 궁궐과 달리 동쪽을 바라보고 있어요.
창경궁은 조선 시대의 궁궐 중 유일하게
동쪽을 향하도록 건물을 지었어요.
왜 창경궁은 동쪽을 향해 건물을 지었을까요?
그 궁금증을 해결하러 창경궁으로 출발해요.

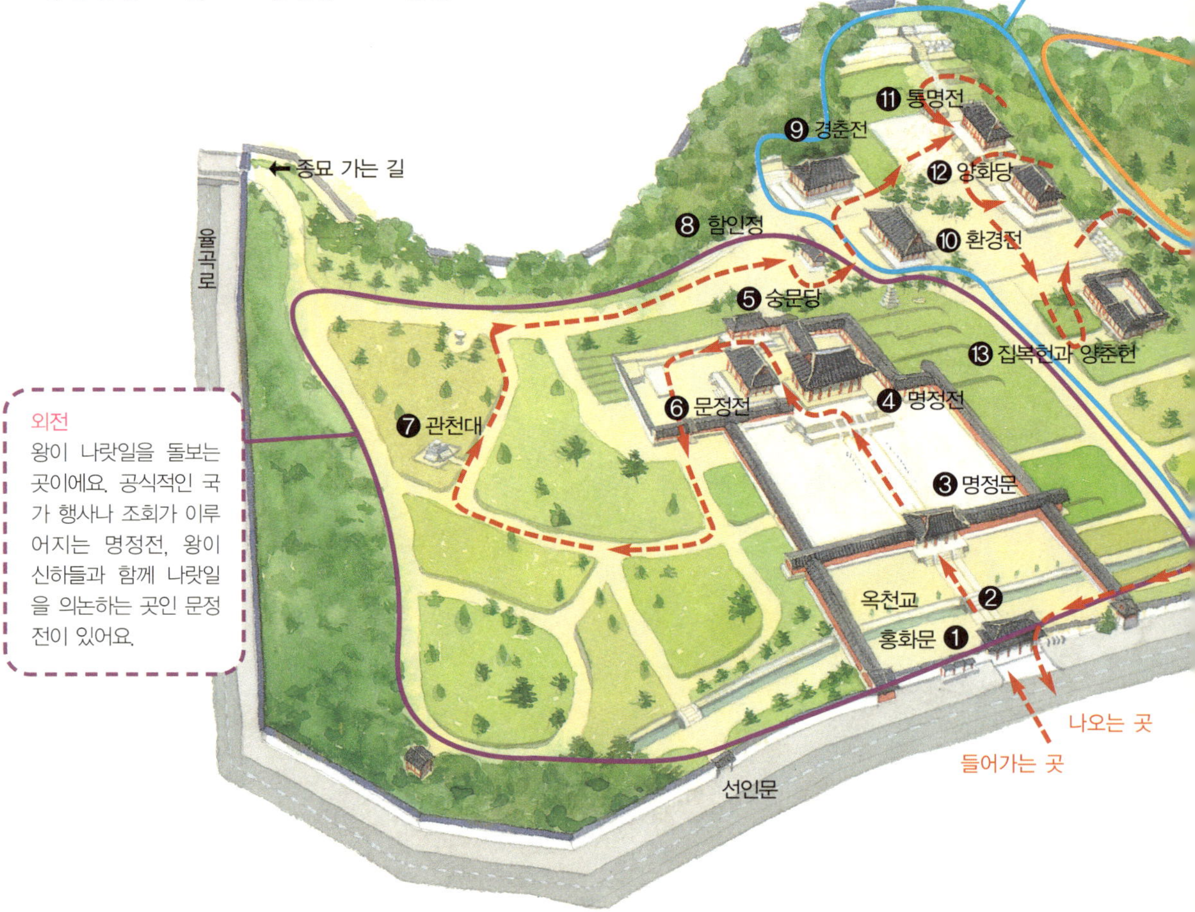

내전
왕과 왕실 가족이 생활을 하던 공간이에요. 경춘전, 환경전, 통명전 등이 있어요.

외전
왕이 나랏일을 돌보는 곳이에요. 공식적인 국가 행사나 조회가 이루어지는 명정전, 왕이 신하들과 함께 나랏일을 의논하는 곳인 문정전이 있어요.

← 종묘 가는 길
율곡로

❶ 홍화문
❷ 옥천교
❸ 명정문
❹ 명정전
❺ 숭문당
❻ 문정전
❼ 관천대
❽ 함인정
❾ 경춘전
❿ 환경전
⓫ 통명전
⓬ 양화당
⓭ 집복헌과 영춘헌

선인문

나오는 곳
들어가는 곳

후원
왕실 가족의 휴식 공간이에요. 창경궁의 연못인 춘당지와 왕이 직접 농사를 지어 보였던 내농포, 왕이 활쏘기를 하던 관덕정이 있어요.

창경궁은 넓기 때문에 돌아보는 순서를 정해서 미리 계획을 세워야 효과적인 견학을 할 수 있어요. 지도에 나온 점선을 따라 창경궁을 돌아보세요.

이런 순서로 돌아보아요!
❶ 홍화문 ⋯▶ ❷ 옥천교 ⋯▶ ❸ 명전문 ⋯▶ ❹ 명정전 ⋯▶ ❺ 숭문당 ⋯▶
❻ 문정전 ⋯▶ ❼ 관천대 ⋯▶ ❽ 함인정 ⋯▶ ❾ 경춘전 ⋯▶ ❿ 환경전 ⋯▶
⓫ 통명전 ⋯▶ ⓬ 양화당 ⋯▶ ⓭ 집복헌·양춘헌 ⋯▶ ⓮ 성종태실 ⋯▶
⓯ 춘당지 ⋯▶ ⓰ 식물원 ⋯▶ ⓱ 관덕정

창경궁 가는 길

조선의 옛 궁궐을 둘러보면 어떤 생각이 드나요? 한때 왕이 나라를 다스렸던 곳인데 지금은 옛 자취만 남아 쓸쓸하게 느껴지나요? 그러나 궁궐은 오랜 시간을 지내 오면서 수많은 역사와 문화를 품고 있어요. 그곳에서 경사스러운 일을 치렀는가 하면, 전쟁과 침략으로 수난을 당했던 일도 있었지요. 또 나라와 왕을 위해 세운 건축물이 있어요. 그래서 궁궐을 둘러보는 일은 우리 역사와 조상들의 마음을

알고 되새기는 일이에요.

　이제 우리는 오랫동안 한 자리에서 숱한 역사의 시간을 살아온 궁궐로 가요. 궁궐 곳곳에 깃든 조선의 역사와 문화를 찾아보며, 조상이 남긴 자취를 찾아 보아요. 그러면 궁궐은 여러분에게 살아 있는 역사의 현장으로 다가올 거예요.

　창경궁에 가다보면 긴 돌담을 볼 수 있어요. 그 돌담은 조선 시대에 창경궁뿐 아니라 창덕궁과 종묘까지도 아우르는 담이었지요. 특히 창경궁과 창덕궁은 함께 동궐로 불렀어요. 그런데 창덕궁이 있는데도, 바로 옆에 창경궁을 세운 까닭은 무엇일까요?

　과연 창경궁은 어떤 궁궐일까요?

창경궁은 동궐이었어.

소박한 궁궐, 창경궁

화려하고 웅장한 경복궁과 창덕궁에 비하면 창경궁은 규모도 작고 건물도 많지 않아 소박해요. 같은 궁궐인데, 왜 그럴까요? 그것은 처음 창경궁을 세울 때 왕이 살려고 지은 것이 아니었기 때문이에요.

창경궁은 원래 **수강궁**이었어요. 세종이 아버지인 태종을 위해 지은 궁궐이지요. **상왕**이 된 태종이 남은 생애를 편안하게 지낼 수 있도록 말이에요. 그리고 태종이 죽고 빈 궁궐이었던 수강궁을 성종이 고쳐 지었어요. 당시 성종은 이렇게 할머니인 세조의 비 정희 왕후, 어머니인 소혜 왕후 그리고 예종의 비인 작은 어머니 안순 왕후, 이렇게 왕실 어른들이 많아지자 경복궁과 창덕궁의 생활 공간이 좁아졌어요. 그래서 정희 왕후가 성종에게 자신의 거처를 수강궁으로 옮기겠다고 했어요.

🏠 **수강**
오래 오래 건강하게 살라는 뜻이에요.

📖 **상왕**
왕위를 물려주고 물러 난 임금을 이르는 말이에요.

궁궐에서 하는 일

나라의 공식 행사가 열렸어요
왕위에 오르거나 왕의 결혼식을 치르거나, 또는 외국의 사신을 맞는 등 큰 공식 행사가 이루어졌어요.

나랏일을 돌보았어요
궁궐에는 궐내각사라는 관청이 있었어요. 신하들이 이곳으로 출근해 나라의 중요한 일을 의논하고 결정했답니다.

하지만 한동안 쓰지 않았던 수강궁은 너무 낡고 초라했어요. 성종은 창덕궁을 수리해서 세 분을 모시고 싶었지만 사정이 여의치 않아 창덕궁 대신 수강궁을 고치고 수강궁에 '창경궁'이라는 새로운 이름도 붙였어요.

창경궁
창경궁은 생활 공간이 돋보이는 궁궐이에요. 여성들이 주로 머무는 궁이었기 때문에, 정치 공간인 명정전은 다른 궁궐의 정전에 비해 크지 않아요.

창경궁은 여성들이 주로 생활하던 곳이라서 다른 궁궐에 비해 외전보다 생활 공간인 내전이 넓었어요. 그래서 외전의 규모나 정전의 방향, 조정에 이르는 문의 개수 등도 다른 궁궐보다 소박하고 아담했어요.

그러다 임진왜란을 겪으면서 법궁인 경복궁을 비롯한 한양의 모든 궁궐이 불에 타게 되었어요. 이때 경복궁의 터가 좋지 않아 임진왜란이 일어났다고 생각한 조정에서는 경복궁 대신 창덕궁과 창경궁을 다시 지었어요. 그래서 창덕궁이 법궁이 되면서 창경궁은 법궁을 보완하는 **이궁**이 되었어요. 그런데 일제 강점기 때 창경궁은 큰 수난을 당하게 되었어요. 무슨 일이 있었던 것일까요?

이궁
이궁은 화재나 전염병 등 여러 가지 일을 대비해서 지은 궁궐이에요.

장차 나라를 짊어질 세자를 교육했어요
왕위를 이을 세자는 군주의 자질을 기르기 위해 끊임없이 교육받았어요. 궁궐에서 행해지는 중요한 일 중 하나예요.

왕과 왕실 가족이 머물렀어요
궁궐은 왕과 왕실 가족이 생활하는 공간이기도 해요. 왕은 가족과 함께 궁궐에 살며 나라를 돌보았어요.

상처 입은 창경궁

장서각은 어떤 건물일까?

정조가 어머니인 혜경궁 홍씨를 위해 지었다는 자경전을 헐고 세운 일본식 건물이에요. 왕실박물관 겸 도서관으로 사용되었는데, 장서각에 보관되어 있던 책들은 주로 왕실과 관계된 귀중한 자료들이었어요. 훗날 장서각이 철거되면서 그 안에 보관되었던 책들은 한국정신문화연구원으로 옮겨져 '장서각 도서'로 불리고 있어요.

1907년 일본은 고종을 황제의 자리에서 끌어내리고 순종을 황제로 앉혔어요. 그때부터 고종은 경운궁에서, 순종은 창덕궁에서 따로 떨어져 살아야 했어요. 그러자 일본은 순종을 위로한다는 명목을 내세워 한 나라의 궁궐인 창경궁을 제멋대로 바꾸어 버리지요.

바로 창경궁에 동물원을 꾸민 것이었어요. 원래 보루각이 설치되어 있던 곳에 동물원을 짓고 호랑이, 곰, 사슴, 학 같은 동물들을 기르기 시작했어요. 이뿐이 아니에요. 일본은 창경궁에서 가장 높은 곳에 위치했던 자경전을 헐고 일본식 건물인 장서각을 지어

창경궁이 창경원이었던 시절의 모습

1930년대 꽃밭이 된 명정전
(서울시립대학교 박물관)
명정전 앞 품계석은 모두 뽑히고 모란 꽃밭이 되어 있는 모습이에요.

옛 춘당지 (이재형)
1968년 4월 춘당지에서 뱃놀이를 즐기고, 케이블카가 운행되는 모습이에요.

창경궁 어원박물관(장서각)
(서울시립대학교 박물관)
자경전 터에 일본식 건물이 들어서 있는 모습이에요.

왕실 박물관으로 사용했어요. 그리고 창경궁 후원을 일본식 정원으로 바꾸고 식물원까지 만들고 말았지요.

여기서 끝이 아니었어요. 1911년 4월에는 동물원과 식물원을 통틀어 창경원이라는 이름을 붙여 버렸어요. 왕과 왕실의 가족이 살던 '궁궐'을 놀이공원의 뜻인 '원'으로 바꾸어 버린 거예요.

온갖 동물들이 있고 일본의 상징인 벚꽃이 가득한 그곳에서 조선의 백성들은 대한제국과 왕실을 점점 잊어 갔어요. 바로 일본이 의도했던 일이었지요. 궁궐의 위엄을 떨어뜨려서 나라를 향한 조선 백성들의 정신을 지배하려 했던 거예요. 다행히 1984년 창경궁은 창경원 대신 본래의 이름을 찾아 위엄 있는 궁궐로 다시 태어났어요.

유적지의 제 이름

창경궁은 위엄 있는 제 이름을 놔두고 놀이동산으로 전락하면서 창경원으로 불리웠어요. 이처럼 일제 강점기를 거치면서 훌륭한 우리의 문화유산들이 제 이름을 잃어버린 경우가 많아요. 예를 들면, 숭례문이 그래요. 예의를 높이는 문이라는 근사한 이름을 놔두고, 한낱 방향을 가리키는 남대문이라는 이름으로 불리게 되었지요.

여기서 잠깐

부모님이 기억하는 창경궁에 대해 인터뷰해 보세요.

어른 중에는 아직도 '창경궁'을 '창경원'으로 기억하는 분들이 많아요. 부모님의 어린 시절, 창경궁은 어땠는지 이야기를 나누고, 내용과 느낀 점을 아래에 써 보세요.

❋ 부모님이 기억하는 창경궁

❋ 인터뷰해 본 느낌

창경궁의 정문, 홍화문

궁궐의 문을 지키는 수문장

조선 시대에는 왕의 건강과 안전이 곧 국가의 안전이라 생각해 왕이 사는 궁궐을 삼엄하게 보호했거든요. 수문장은 밤낮으로 궁궐의 문을 지키면서 문을 열고 닫는 일과 궁을 들고 나는 사람들을 감독하는 일을 했답니다. 이들은 하루 두 차례 교대로 근무했고, 근무 교대할 때는 장엄하게 수문장 교대 의식을 치르기도 했어요.

자, 이제 홍화문을 자세히 살펴볼까요. 붉은색으로 멋지게 장식한 홍화문은 동쪽을 향해 서 있답니다. 보통 다른 궁궐의 정문은 남쪽을 향해 있는데, 왜 홍화문만 동쪽을 향해 나 있을까요? 그것은 창경궁이 위치한 지형 때문이에요. 건물이 남쪽을 향하는 것보다 동쪽을 향하는 게 풍수지리상 훨씬 더 좋다고 여겼던 거예요. 뿐만 아니라 창경궁은 창덕궁의 보

창경궁의 정문 홍화문
홍화문은 창경궁의 정문이면서 왕이 백성을 만나거나 무과 시험을 치르는 곳이기도 했어요.

이 앞을 수문장들이 지켰단 말이지!

조 역할을 하는 궁궐로 창덕궁의 정문이 남쪽을 향해 있어 굳이 창경궁까지 남쪽으로 정문을 만들 필요가 없었지요.

영조 때에는 홍화문을 통해 왕과 백성이 만나기도 했어요. 영조는 백성들에게 세금 부담을 덜어 주기 위한 균역법을 시행하려 했지만 신하들의 반대에 부딪혔어요. 영조는 하는 수 없이 관리 및 유생, 서울의 일반 백성을 모두 홍화문 앞에 모아 놓고 의견을 물었어요. 그리고 균역법을 찬성하는 백성들의 뜻에 따라 균역법을 실시할 수 있었어요. 또 정조가 어머니 혜경궁 홍씨의 회갑을 기념하여 홍화문에 직접 나가서 백성에게 쌀을 나눠 주기도 했답니다.

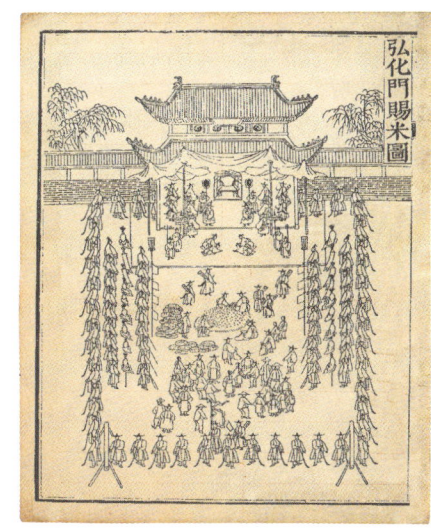

홍화문 사미도
《원행을묘정리 의궤》, 1795년, 서울대학교 규장각
정조가 어머니 혜경궁 홍씨의 회갑 때 홍화문 밖에서 가난한 백성들에게 쌀을 나누어 주는 장면이에요. 이렇게 홍화문은 다른 궁궐의 정문과는 달리 왕과 백성이 가까이 만날 수 있는 문이기도 했어요.

여기서 잠깐
궁궐 정문의 공통점을 찾아보세요.

홍화문과 다른 궁궐의 정문을 잘 살펴보면 공통점이 있어요. 보기에서 골라 보세요.

경복궁 광화문　　창덕궁 돈화문　　경운궁 인화문 (대한문)　　경희궁 흥화문

| 보기 | 수, 목, 화, 2, 3, 4, 무신, 왕, 문신 |

1. 조선 5대 궁궐의 정문 이름에는 모두 (　　　)가 들어 가요. 이 글자는 번창하다는 뜻이에요.
2. 궁궐의 정문 입구문은 모두 (　　)개예요. 가운데는 (　　)이 드나드는 문이고, 왼쪽은 (　　)이, 오른쪽은 (　　)이 드나드는 문이에요.

자연수가 흐르는
금천과 옥천교

궁궐마다 금천이 흐르는 이유
우리 조상들은 가장 이상적인 장소에 건물을 지었어요. 바로 풍수지리상 산을 등지고 물을 바라보는 곳이지요. 이런 곳을 '배산임수'라 하며 가장 좋은 장소로 여겼어요. 궁궐에 금천을 만든 것은 궁궐을 그런 이상적인 장소로 만들기 위해서였어요. 궁궐은 대부분 산을 등지고 있지만 물은 바라보지 않지요. 그래서 일부러 물길을 내어 금천을 만든 것이랍니다.

홍화문을 지나니 작은 다리 하나가 눈에 띄네요. 명정문 앞을 가로질러 흐르는 금천 위에 세운 옥천교예요. 이 다리를 건너면 그때부터 왕이 사는 궁궐 안으로 들어가는 거예요.

금천과 돌다리는 이곳을 건너면서 몸과 마음을 깨끗하게 하라는 의미를 담아 만든

옥천교와 명정문
창경궁은 다른 궁궐과 달리 조정으로 다다르는 문이 두 개랍니다. 옥천교는 세 갈래로 나뉘어 있으며, 돌난간에는 돌짐승이 있어요.

옥천교

것이에요. 이 밖에 또 다른 이유가 있답니다. 궁궐에 있는 건물들은 대부분 나무로 만들었어요. 그러니 불을 가장 조심해야 했지요. 그래서 이를 대비해 항상 건물 주위에 물을 준비해 두었어요. 금천이 소방수 역할도 해 늘 깨끗하게 관리되었지요.

옥천교 양 옆을 자세히 살펴볼까요? 도깨비 얼굴이 조각되어 있을 거예요. 이 조각상은 궁궐에 출입하는 사람들을 경계하고, 나쁜 기운이 궁궐에 들어오지 못하도록 하는 장치이지요.

옥천교는 창경궁 안에서 유일하게 본래의 모습을 그대로 간직한 곳이에요. 어떻게 가능했을까요? 일본은 창경궁을 창경원으로 만들면서 이곳 금천과 옥천교를 흙으로 묻어 버렸어요. 덕분에 금천과 옥천교는 제 모습 그대로 다시 세상에 나올 수 있었지요.

옥천교 난간의 돌짐승
이 돌짐승은 다리를 지나가는 사람들을 감시하듯 지켜보고 있어요. 얼굴 부분은 많이 닳았지만 귀여운 표정과 몸짓으로 창경궁을 지키고 있어요.

금천을 지키는 귀면
나쁜 기운이나 잡귀를 막기 위해 창경궁 옥천교 양옆에서 금천을 지키는 조각상이에요.

조선 시대 성종이 넘나들던 때의 그 모습 그대로랍니다. 정말 대단하지요? 500년의 세월을 고스란히 간직하고 있다니 말이에요. 더군다나 '구슬 같은 물이 흐르는 다리'인 옥천교에는 현재 남아 있는 다섯 궁궐 중에서 유일하게 자연수가 흐르고 있어요. 이 물은 오염되지 않은 창덕궁의 옥류천에서 내려와서 춘당지를 거쳐 이곳까지 흘러요. 이곳을 지난 금천은 청계천까지 흘러 간답니다.

나랏일을 하는 정치 공간, 외전

해가 뜨기 전부터 왕의 하루는 시작돼요. 곤룡포를 차려입고 대비전에 아침 인사를 하러 갔지요. 이후부터 왕의 주업무인 나라를 다스리는 일이 이어져요.

그 첫 번째는 '경연'이에요. 경연은 신하들과 왕이 토론을 하며 성군이 되기 위해 끊임없이 노력하는 자리이지요. 나랏일은 왕 혼자 힘

으로 되는 일이 아니거든요. 신하들과 의견을 나누고 좀 더 좋은 정책을 만들려고 했던 것이에요.

경연이 다 끝나면 전국에서 올라오는 사건, 사고에 대해 신하들과 의논하여 처리하고 각 기관을 통해 백성들에게 전달하기도 했어요. 왕의 하루는 조금도 쉴 틈이 없는 업무의 연속이었고, 이 모든 일이 이루어지는 곳이 바로 궁궐이에요.

이제 본격적으로 창경궁을 둘러볼 거예요. 가장 먼저 나랏일이 이루어지는 외전부터 보아요. 궁궐의 외전은 본래 정전인 법전, 왕의 사무실인 편전, 행정부서인 궐내각사로 나눠져 있었어요. 그런데 창경궁은 창덕궁을 보조하는 궁이어서 궐내각사도 없고, 외전의 규모도 작고 소박했어요. 자, 그럼 지금부터 정치의 중심이었던 명정전으로 발걸음을 옮겨 볼까요?

창경궁의 정전, 명정전

정치의 중심, 정전
정전은 궁궐에서 가장 으뜸인 건물을 말해요. 왕과 신하가 만나는 장소이지요. 창경궁에서는 바로 명정전이에요. 조회가 열리고, 외국 사신을 맞이하는 곳이며, 왕의 즉위식이나 결혼식과 같은 국가의 공식적인 의식을 치르던 곳이지요. 이곳 정전의 앞 마당은 조정이라고 해요. 조정에서 나라의 중요한 일들을 치르다 보니, 흔히 나랏일을 하는 곳이라는 뜻으로 쓰이기도 해요. 요즘의 정부를 가리킨답니다.

"문무백관을 조정으로 들라 하라."
이런 말을 하는 왕의 모습을 드라마나 영화에서 본 적 있을 거예요. 여기서 말하는 조정은 왕이 나라의 정치를 행하던 곳을 말해요. 창경궁에서 정치를 행하던 중심지가 바로 명정전이었어요.
'밝은 정치, 바른 정치, 현명한 정치를 편다.' 는 뜻이 담긴 건물이지요.
그런데 명정전이 다른 궁궐의 정전과

명정전
명정전은 성종 때 세웠는데 임진왜란 때 불타 버렸어요. 그 뒤 바로 다시 지어 지금까지 잘 보존되었어요. 다른 궁궐의 정전에 비해 규모는 작지만, 조선 5대 궁궐의 정전 중 가장 오래되었답니다.

다른 점이 있어요. 바로 명정전이 동쪽을 바라보고 서 있다는 것이에요. 홍화문이 동쪽으로 나 있기 때문에 명정전도 자연히 동쪽을 향해 세워진 것이에요. 성종은 창경궁이 동쪽을 향해 있기 때문에 나랏일을 보는 곳이 아니라고 했어요. 그렇다고 명정전이 정전으로 사용되지 않은 것은 아니랍니다. 인종은 명정전에서 즉위식을 올렸으니까요. 장중한 음악이 흐르고, 명정전 앞에 모인 수많은 신하들의 축하 속에 **구장복**을 차려 입은 인종이 왕위에 오르는 모습을 한번 그려 보세요.

그런데 동궐도에서 명정전을 보면 한 가지 재미있는 모습을 발견할 수 있어요. 명정전 앞 조정에 깐 박석이 동궐도와는 많이 다르지요. 성급히 창경궁을 복원하면서 박석의 본래 모습을 되살리지 못하는 실수를 하고 말았어요.

명정전의 용상
용상은 왕의 권위를 상징하는 의자예요. 우리 조상들은 왕을 성스러운 동물인 용이라고 생각했기 때문에 왕과 관련된 물건에는 용을 붙였어요. 그래서 왕의 얼굴은 용안이고, 왕의 옷은 곤룡포이지요.

동궐도에 그려진 박석

오늘날의 박석

🔖 **구장복**
아홉 개의 무늬를 새겨 넣은 옷으로 왕의 대례복이에요. 대례복이란 즉위식이나 결혼식과 같은 큰 행사 때 입는 예복이랍니다.

여기서 잠깐

답도를 자세히 관찰해 보아요.
답도의 판석에 새겨진 한쌍의 동물은 상상속의 새랍니다. 왕이 태평성대를 이루면 나타난다는 이 새는 명정전 천장에도 있어요. 이것은 무엇일까요? (   )

보기 용, 기린, 봉황, 말, 가마, 자동차

작은 걸음 큰 생각
건물의 이름과 품격

건물을 세는 단위, 칸

한 칸, 두 칸이라는 말 들어보았나요? 여기서 '칸'은 건물의 기둥과 기둥 사이의 거리를 나타내는 단위예요. 원래는 간(間)으로 불렸는데, 요즘에는 칸으로 불리고 있죠. 조선 시대에는 주인의 관직이 높고 낮음에 따라 집의 크기도 제한하는 법이 있었어요. 주택은 아무리 신분이 높은 양반이라도 99칸을 넘길 수 없었죠. 이렇듯 주택의 크기를 '칸'으로 정한 것은 신분에 따른 차별 때문이기도 했지만, 신분에 맞는 집을 지님으로써 불필요한 사치를 막기 위한 제도이기도 했답니다.

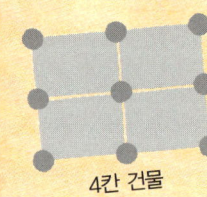
4칸 건물

조선 시대는 신분의 차이가 명확한 사회였어요. 그래서 궁궐의 건물에도 신분이 있었어요. 궁궐의 건물에서 신분은 그 건물의 쓰임에 따라 결정됐어요. 궁궐에는 왕과 왕비, 공주와 왕자, 환관, 궁녀, 등 여러 계층의 사람들이 살고 있었는데, 건물을 사용하는 사람의 신분에 따라 건물 이름도 달랐어요.

옛 건물 이름의 끝 글자는 보통 '전(殿)당(堂)합(閤)각(閣)재(齋)헌(軒)누(樓)정(亭)' 등으로 이루어졌어요.

'전'은 왕과 왕비가 머무는 공간, 왕의 어머니나 할머니가 사는 건물에 붙였어요. '전'이 붙은 건물은 궁궐의 어떤 건물보다 규모도 크고 위엄도 있었어요. 왕의 아들인 대군이나 군이 머무는 곳에는 한 단계 아래인 '당' 자을 붙였는데, '당'은 '전'과 규모는 비슷하지만 조금 격이 낮은 건물이었어요.

문정전
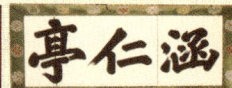
숭문당

영춘헌

함인정

그 다음 '합'과 '각'은 '전'과 '당'의 부속 건물이고 왕실의 나머지 가족들은 '재'가 들어간 건물에서 살았어요. 그 다음 '헌'은 주로 일을 하는 건물로 대청마루가 발달했지요. 사람 키보다 높은 마루방이나 2층으로 되어 있는 건물에는 '누'를 붙였어요. 그보다 작은 건물은 '정'이라고 했어요.

이렇듯 건물에는 나름대로의 질서가 있었고, 이 질서는 유교 문화를 바탕으로 이루어져 있어요.

학문의 전당, 숭문당

정전인 명정전 뒤로 돌아가면 숭문당이라는 건물이 보일 거예요. 숭문당은 '학문을 숭상하는 집'이라는 뜻을 가지고 있어요. 우리나라의 궁궐에는 학문을 연구하고 공부하는 곳이 꼭 있었어요. 왜냐하면 왕들은 백성과 나라를 잘 다스리기 위해 늘 공부해야 했기 때문이에요.

건물의 이름이 적힌 현판

'현판'은 널빤지나 종이, 비단에 글씨를 쓰거나 그림을 그려 문 위에 거는 액자로 '편액'이라고도 해요. 이처럼 현판을 걸어 놓은 것은 그 건물에 사는 사람이 현판의 이름에 깃든 정신대로 살라고 지어 놓은 거예요. 예를 들어 '숭문당'은 '학문을 숭상하는 집'이라는 뜻을 갖고 있어요. 이 말은 건물에 머물 사람은 학문을 높이기 위해 열심히 공부하라는 뜻이어요.

학문을 숭상하고 우수한 인재를 많이 키워 내려던 영조는 숭문당에서 많은 성균관 유생들이 지어 올리는 시를 즐겨 읽었어요.

유생
유학을 공부하는 선비를 뜻해요.

영조는 자신의 마음에 드는 시가 나오면 그 시를 쓴 유생들에게 친히 술을 따라 주며 격려를 해 주기도 했지요. 이처럼 학문을 사랑했던 영조는 '숭문당'이라는 현판도 직접 썼답니다. 영조의 이 같은 학문 사랑은 정조 때로 이어져 조선 후기의 실학을 꽃피울 수 있었던 거예요.

슬픈 역사가 깃든
문정전

명정전과 문정전 뒤 복도
명정전 뒤에는 문정전과 숭문당을 잇는 복도가 있어요. 이 행랑 복도 덕분에 비를 맞지 않고 건물들을 오갈 수 있었답니다.

문정전
창경궁의 편전은 왕의 사무실로 오늘날 대통령의 집무실과 같은 곳이에요. 왕은 매일 편전에서 업무 보고를 받고 나랏일을 결정하고 어전 회의를 열었어요.

혹시 명정전과 문정전 사이를 걸어 봤나요? 이곳은 비가 오더라도 우산 없이 걸을 수 있답니다. 명정전과 문정전 사이에 비를 맞지 않고도 걸을 수 있도록 복도를 만들어 놓았으니까요.

왕은 하루의 대부분을 문정전에서 보냈어요. 편전은 남쪽을 향하고 있어 환하고 밝아 보이는 건물이지만 사실 이곳은 슬픈 역사를 간직하고 있어요.

사도세자의 아버지 영조에게는 열등감이 하나 있었어요. 어머니가 신분이 낮은 궁녀인 **무수리**

이곳에서 왕이 신하들과 회의를 했어!

출신이라는 것이었어요. 이 때문에 신하들이 자기를 무시할까 봐 늘 신경을 썼어요. 그래서 왕위에 오를 때, 자신을 도와준 신하들의 눈치를 많이 보았지요. 탕평책으로 인재를 고루 **등용**했지만, 사정이 이렇다 보니 간혹 신하들은 영조에게 무리한 행동을 하기도 했어요. 어린 나이에도 똑똑하고 총명했던 사도세자 눈에는 신하들에게 휘둘리는 영조의 모습이 좋지 않게 보였어요.

대리청정

왕의 자리를 물려주기 전에 세자에게 나랏일을 보도록 하는 것을 대리청정이라고 해요. 보통은 왕이 나이가 많이 들어서 나랏일을 제대로 운영하기 힘들 때, 어른으로 다 자란 세자에게 나랏일을 맡기는 거예요. 세종이 문종에게, 영조가 사도세자에게, 또 사도세자가 죽은 뒤, 세손인 정조에게 대리청정하게 했던 것이 그 예예요. 이와 비슷한 것이 수렴청정인데요. 수렴청정은 나이 어린 왕이 임금 자리에 올랐을 때 어른이 될 때까지 대비가 나랏일을 대신 처리하던 것을 말해요.

"왜 조정 대신들이 아바마마에게 부당한 요구를 하는 것이옵니까?"

영조는 그런 세자가 점점 불편해졌어요. 그동안 영조를 등에 업고 조정을 손에 쥐고 흔들었던 신하들도 사도세자를 못마땅하게 여기기 시작했지요.

그러다 사도세자가 열다섯 살이 되던 해 영조는 건강이 나빠지자 아들에게 나랏일을 대신 맡겼어요. 세자가 나랏일을 맡자 그동안 조정의 중심에서 밀리던 신하들은 세자를 지지하며 정치 권력을 잡으려고 했어요. 조정은 영조를 지지하는 파와 세자를 지지하는 파로 나뉘게 되었지요. 영조를 지지하던 신하들은 세자와 영조 사이를 이간질했어요.

📖 **무수리**
궁궐에서 청소 등 잔심부름을 하는 여자 노비를 가리키는 말이에요.

 **등용**
실력 있는 인재를 뽑는 일을 가리키는 말이에요.

"세자는 성품이 포악하고 품행이 온전치 못하고 궐 밖으로 자주 나가 술도 마시고 놀러 다닌다고 하옵니다."

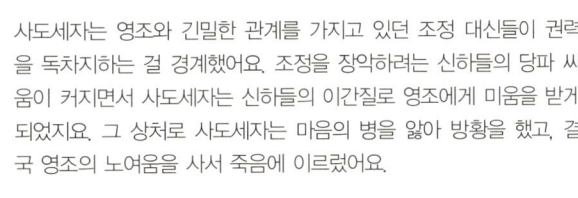

사도세자는 영조와 긴밀한 관계를 가지고 있던 조정 대신들이 권력을 독차지하는 걸 경계했어요. 조정을 장악하려는 신하들의 당파 싸움이 커지면서 사도세자는 신하들의 이간질로 영조에게 미움을 받게 되었지요. 그 상처로 사도세자는 마음의 병을 앓아 방황을 했고, 결국 영조의 노여움을 사서 죽음에 이르렀어요.

왕의 시중을 드는 환관

"상감마마, 우의정 들었사옵니다."
이런 말과 함께 왕이 있는 편전으로 우의정을 안내하는 사람이 바로 환관이에요. 환관은 거세된 남자들로 '내시'라고도 불렀어요. 조선 시대의 환관은 궁궐 내의 음식물 감독, 왕명을 전달하는 일, 궁중의 문을 지키는 수문, 궁궐 내 청소 등의 일을 했어요. 무엇보다 왕과 가장 가까운 곳에서 일한다는 점에서 엄한 기준을 거쳐야만 환관이 될 수 있었어요.

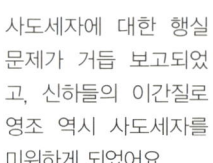

사도세자에 대한 행실 문제가 거듭 보고되었고, 신하들의 이간질로 영조 역시 사도세자를 미워하게 되었어요.

이 말을 들은 영조는 화가 머리끝까지 솟았어요. 결국 세자에게 칼을 주면서 자결을 하라고 했죠. 세자는 영조에게 한 번만 용서해 달라고 애원했어요. 하지만 영조의 화는 수그러들지 않았어요. 화를 참지 못한 영조는 세자에게 뒤주 속으로 들어가라고 명령을 내렸어요. 세자는 뒤주 속에서 8일을 버티다가 죽고 말았어요.

세자가 죽은 뒤, 영조는 아들을 죽인 것을 후회하며 세자에게 '**사도**'라는 **시호**를 내렸어요.

 사도
'죽음을 슬퍼한다.'는 뜻이에요.

 시호
죽은 사람의 공덕을 높이며 붙인 이름이에요.

> **여기서 잠깐**
>
> ### 동궐도에서 문정전의 옛 모습을 찾아 보세요
> 동궐도를 보면 조선 시대 문정전과 지금의 문정전이 다른 모습을 하고 있다는 사실을 알 수 있어요. 다음 친구들의 이야기에 귀를 기울여 보세요. 무엇이 다른지 알 수 있을 거예요.

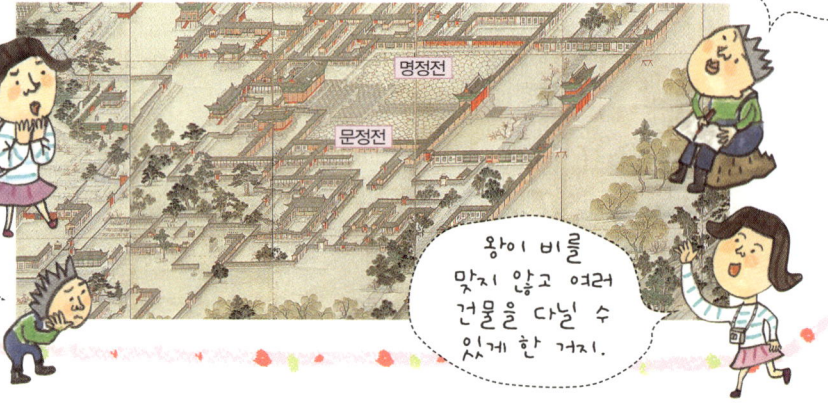

바른 정치를 위한 어전 회의

왕이 주도하는 회의를 어전 회의라고 해요. 말 그대로 왕 앞에서 하는 회의였기 때문에, 웬만한 벼슬을 가진 관리가 아니고서는 들어갈 수 없었어요. 대략 종 3품 이상이 어전 회의에 참여할 수 있었지요.

어전 회의에서는 올바른 나랏일을 의논했어요. 보통 신하들이 왕에게 설명하고 어떻게 처리할지 허락을 받는 형식으로 운영되었어요. 간혹 서로 의견이 맞지 않을 때는 왕이 자신의 생각대로 처리하지 않고 신하들의 뜻을 다 들어본 뒤에, 가장 좋은 방법이 무엇인지 찾아냈어요.

궁의 일을 기록하는 사관

사관은 왕과 신하들이 나랏일을 의논하는 현장에서 기록하는 일을 했어요. 보통 두 명의 사관이 함께 기록했는데, 말을 기록하는 좌사와 행동을 기록하는 우사가 있었어요. 이렇게 사관이 기록해 놓은 것을 사초라고 했지요. 사초는 왕이 고쳐달라고 해도 절대로 고칠 수 없는 것이었어요. 그래서 사관은 강직한 성품을 가져야 했어요. 사관들이 쓴 사초는 그대로 모아 두었다가 다음 왕 때에 책으로 정리해서 묶었어요. 이렇게 해서 묶은 책이 《조선왕조실록》이에요.

이처럼 어전 회의는 올바른 정치를 실현하는 방법이었는데 여기에는 두 가지의 제도적인 뒷받침이 있었어요.

그 첫 번째는 사관이 활동했다는 것이에요. 아무리 신분이 높은 벼슬아치라고 해도 왕을 만날 때에는 사관이 참여해야 했어요. 사관은 왕과 신하가 말한 내용이나 행동을 전부 기록했어요. 다른 하나는 언관이 있었다는 것이에요. 언관이란 사간원, 사헌부, 홍문관을 말하는데 잘못된 정책에 대해 고칠 것을 조정에 요구할 수 있었어요.

이러한 제도적인 뒷받침이 있었기 때문에 조선의 정치가 바르게 이루어질 수 있었지요.

하늘을 관찰하던  관천대

하늘과 땅을 살피는 학자들

조선 시대에는 하늘의 뜻을 알아야 나라를 잘 다스릴 수 있다고 생각했어요. 그래서 늘 하늘을 관찰하고 나라의 운명을 예측하기 위해 애썼어요. 이를 위해 관상감이라는 관청을 궁궐 안에 두었어요. 관상감의 관리들은 천문학자와 지리학자들이었어요. 그들은 하늘의 변화를 재빠르게 왕에게 보고해, 재난에 대비하도록 했답니다.

문정전에서 남쪽을 바라보면, 담장 밖으로 화강암 석대가 하나 보여요. 바로 관천대랍니다. 관천대는 화강암 석대 위에 천체관측 기기인 혼천의 등을 설치해서 하늘의 움직임을 관측하던 곳이에요.

천문학자들이 관천대에서 하늘을 관측했지요. 이들은 날마다 관천대에 올라가 별자리와 하늘의 변화를 관측해 기록했어요. 왕실에서는 이것을 바탕으로 나라의 큰 행사를 언제하면 좋을지 날짜를 잡고 길흉을 점치는 데 이용했어요. 이렇게 하늘을 관찰하는 것이 나라의 대소사나 운명과 관련된 중요한 일이었기 때문에 관천대는 국가 1급 보안 시설 가운데 하나였어요.

이것 말고도 또 다른 이유가 있답니다. 조선 시대에는 농업이 가장 중요한 산업이었어요. 농업은 농사를 짓는 사람의 기술만으로 되는 것이 아니에요. 날씨의 변화에

관천대
혼천의와 같은 천문기구를 올려 놓고 하늘을 관측했어요.

따라 좌지우지되는 일 중 하나였지요. 비가 계속 내리면 농사를 망칠 수도 있고, 비가 너무 안 와도 농사를 망칠 수 있으니까요. 일 년 농사를 망치면 왕에 대한 백성들의 원망도 커질 테니까요. 왕이 백성의 마음을 잃지 않기 위해서는 하늘을 잘 관찰해서 백성에게 날씨를 알려 주어야 했지요. 이런 이유로 조선 시대에는 천문학을 다른 학문보다도 귀중하게 여겼고, 왕들은 모두 천문학을 공부했답니다.

궁궐을 지키는 수비대

조선 시대 궁궐수비대는 금군과 별운검으로 나눠졌어요. 금군은 말 그대로 궁중 안의 정예군이라는 뜻으로 궁궐의 정전 주위를 경호하는 군인이었어요. 별운검은 금군보다 더 왕 가까이에 있는 측근 경호원이었어요. 운검을 가진 특수 군인이라는 별운검은 왕이 정전에서 공식 행사를 거행할 때 왕의 양편에서 칼을 들고 호위하는 사람이었어요.

　지금 관천대가 있는 이 자리는 원래 창경궁의 동궁과 궁궐을 수비하는 여러 군대들 그리고 말과 가마를 관리하는 관청 등이 있었던 곳이에요. 일제 강점기 때 일본이 이곳에 동물원을 지으면서 관천대의 위치도 바꾸어 버렸어요.

- 동궐도를 보면 이곳에도 크고 작은 건물들이 있었었어.
- 빨리 복원되어 제모습을 찾았으면 좋겠다.
- 일본이 동물원을 만들면서 이곳의 건물들을 모두 헐어버렸어.

인재를 만나는 곳, 함인정

다시 문정전으로 들어와 숭문당을 지나 명정전 뒤편으로 가 볼까요? 확 트인 앞마당에 정자가 하나 나타나요. 바로 함인정이랍니다.

사실 함인정은 원래 창경궁에 있던 건물은 아니었어요. **인경궁**에 있던 정자였어요. 지금 함인정 자리에는 인양전이 있었는데 임진왜란 때 불에 타버리자, 인조 때 인경궁에 있던 함인정을 옮겨 온 것이지요.

함인정은 이름 그대로 정자예요. 정자는 보통 휴식 공간으로 많이 사용되었어요. 연못가나 개울가, 또는 산 속처럼 경치가 좋은 곳에 많이 자리 잡고 있어요.

함인정은 넓은 터에 자리를 잡고 있어서 많은 사람을 만나는 데 아주 편리했어요. 그래서 영조는 이곳에서 과거에 급제한 사람들을 만나곤 했어요.

📖 **인경궁**
광해군이 인왕산 아래에 지었던 궁궐이에요. 다 짓기도 전에 광해군이 왕위에서 물러나면서 공사가 중단되었는데, 이제는 그 흔적마저 사라졌어요.

함인정
처마선이 하늘로 날아오를 것처럼 고운 함인정은 사방이 뚫린 정자예요. 이곳에서 왕이 휴식을 취했답니다.

조선 시대에는 문과와 무과로 구별되는 과거 제도가 있었어요. 그 가운데 문과가 핵심이었어요. 조휴라는 사람은 대과 자격 시험인 소과에 합격하고 3년에 한 번 열리는 식년시에서 갑과 1등으로 장원 급제를 한 사람이었어요. 영조는 함인정에 앉아서 넓은 마당에 서 있는 조휴를 흐뭇한 표정으로 바라봤지요.

창덕궁 담
창경궁과 창덕궁은 담장 하나를 사이로 나란히 붙어 있어요. 함인정 옆으로 보이는 저 담장 너머가 창덕궁이랍니다. 지금은 창경궁과 창덕궁 사이를 오가는 문이 폐쇄 되어 있지만 조선 시대에는 담장 곳곳에 두 궁궐을 오갈 수 있는 문이 있었어요.

"자네 문장은 아주 탁월했다네. 자, 한잔 받게나."

영조는 장원 급제한 조휴에게 친히 하사주를 내렸고, 하사품으로 홍패와 관모, 어사화를 내려주었어요.

하사주
임금이 신하에게 내리는 술을 말해요.

이렇듯 영조는 함인정에서 과거에 급제한 사람들을 만나곤 했어요. 또 날씨가 좋으면 신하들과의 경연도 숭문당 대신 이곳에서 했답니다.

함인정 내부에 걸린 편액의 시

함인정 안에 동서남북으로 걸린 편액의 글귀를 다 합치면 한 편의 오언절구가 되는데요. 오언절구란 한 줄의 구절이 다섯 글자로 된 글을 말해요. 중국 당나라 때 유행했던 시랍니다. 이것은 한 해 동안의 빼어난 경치를 봄, 여름, 가을, 겨울 별로 읊은 중국의 시인 도연명의 글이에요.

동 : 봄에는 물이 사방의 연못에 가득하고

남 : 여름에는 구름이 기이한 봉우리에 많고

서 : 가을에는 달이 밝게 빛나며 비추고

북 : 겨울에는 고갯마루 외로운 소나무가 빼어나구나.

정조가 태어난
경춘전

여기부터는 왕실 가족이 사는 내전이에요. 내전에서 가장 먼저 만나는 건물은 환경전이에요. 환경전은 명성 황후와 관련이 있는 곳이에요. 명성 황후가 시아버지 흥선 대원군과의 세력 다툼에서 졌을 때, 궁궐을 빠져나가 도망을 간 적이 있어요. 이때 흥선 대원군은 명성 황후가 죽었다면서 환경전에다 **빈전**을 만들고, 가짜 장례식을 치뤘답니다. 하지만 환경전은 본래 왕의 침전이에요. 주로 왕이 사용했지만 더러는 세자가 이용하기도 했어요.

반면, 환경전 바로 옆에 있는 경춘전은 왕비나 세자빈의 거처였어요. 이곳은 숙종의 왕비 인현 왕후와 정조의 어머니 혜경궁 홍씨가 머문 곳이기도 해요. 정조는 이 경춘전에서 태어났답니다.

빈전
왕과 왕비가 죽은 후 상여가 나갈 때까지 관을 모셔 둔 건물을 뜻해요.

환경전
주로 왕이 머무는 건물로 남쪽을 향해 서 있어요.

사도세자는 영조를 대신해 대리청정을 할 때, 나랏일은 창덕궁의 옥화당과 창경궁의 시민당에서 하고, 잠은 주로 경춘전에서 잤어요. 경춘전에서 잠을 자던 사도세자는 커다란 흑

룡이 여의주를 입에 물고 경춘전으로 들어오는 꿈을 꾸었어요.

꿈에서 깬 사도세자는 아무래도 이 꿈은 훌륭한 인물이 태어날 태몽이라고 생각했어요. 그래서 자신이 꿈에서 봤던 용을 새하얀 비단에 그려 벽에다 걸어 두었는데, 그 뒤 정조가 태어났지요.

사도세자의 꿈처럼 정조는 실제로 총명하고 훌륭한 왕이 되었지요. 조선 왕조에서 세종대왕에 버금가는 군주로 조선의 중흥을 꿈꾸었던 왕이었어요. 효심이 깊었던 정조는 아버지가 자신의 태몽을 꾼 이 건물을 무척 좋아했어요. 탄생전이라는 현판을 직접 써서 경춘전의 남문에 걸었고, 어머니 혜경궁 홍씨가 자신을 낳으면서 겪었을 고통을 생각하며 추모하는 마음을 담아 '경춘전기'를 써서 경춘전의 북문에 걸어 두었어요.

경춘전은 사도세자와 정조 그리고 혜경궁 홍씨의 아름다운 가족 사랑이 듬뿍 배어 있는 곳이지요.

정조의 가계도

- 제3대 숙종 — 숙빈 최씨, 희빈 장씨, 인현 왕후
- 제21대 영조, 제20대 경종
- 사도세자 — 혜경궁 홍씨
- 제22대 정조

— 부부
— 자녀

경춘전
창경궁의 침전은 모두 남쪽을 향해 있는데, 경춘전만 동쪽을 향해 있어요. 스물여섯 칸이나 되는 제법 큰 건물로 누마루 형식을 하고 있어요.

두 왕비의 이야기가 서린
통명전

궁궐의 안주인은 중전

조선 시대 왕비를 중전이라고 불렀어요. 왕의 역할처럼 중전의 자리도 결코 쉬운 건 아니었어요. 중전은 내명부의 으뜸으로 막중한 책임과 의무를 다해야 했어요. 내명부란 궁중과 관련된 모든 여인들을 일컫는데, 왕의 후궁이나 그곳에 속한 궁녀들이 포함되지요. 이러한 내명부를 총 관리하는 것이 바로 중전이 해야 할 일이었지요. 그래서 중전은 모든 일에 모범이 되는 행동을 해야 했어요.

"희빈마마, 이제 그만 처소로 드시지요?"

궁녀의 말에 장희빈은 힘겹게 발걸음을 옮겼어요. 그러다 뒤를 돌아보았어요. 통명전 안에서 두 사람의 그림자가 보였어요. 그 두 그림자는 조선의 열아홉 번째 왕인 숙종과 인현 왕후예요. 숙종과 인현 왕후, 장희빈 세 사람 사이에는 무슨 일이 있었던 것일까요?

통명전
조선의 다른 궁궐과 비교해 가장 오래된 중궁전 건물이에요. 일본이 진열실로 쓰려고 깔았던 마루를 최근에 본래의 온돌로 복원했어요. 내부를 볼 수 있으니 꼭 둘러보세요.

용마루가 없는 통명전
용마루가 없는 건물은 왕비가 거처하던 곳이라는 표시이기도 해요. 다른 궁궐에 있는 중전의 침전처럼 통명전에도 지붕에 용마루가 없어요.

숙종의 왕비는 인현 왕후예요. 장희빈은 궁녀 출신으로 숙종의 사랑을 받는 후궁이었어요. 그런데 장희빈이 왕자를 낳자 오랫동안 자식이 없었던 숙종은 그 왕자를 세자로 삼고 싶었어요. 그러나 인현 왕후를 지지하던 신하들은 그 일을 반대했고, 이를 못마땅하게 여긴 숙종은

통명전 내부
통명전 안으로는 들어가 볼 수 있어요. 내부는 아무런 꾸밈없이 텅 비어 있어 주인 없는 궁궐을 더 안타깝게 하지요.

인현 왕후를 궁에서 내쫓았어요. 그리고 장희빈을 중전 자리에 앉혔지요.

하지만 장희빈의 중전 노릇은 그리 오래가지 못했어요. 장희빈을 따르는 신하들이 권력을 장악하고 조정을 쥐고 흔들자, 이를 염려한 숙종은 점점 장희빈에게 싫증을 느끼기 시작했고, 무기력한 세자도 탐탁치 않게 여겼어요. 그때 숙종의 마음은 장희빈 대신 무수리 출신인 숙빈 최씨에게 옮겨 갔어요. 숙종의 총애를 받던 숙빈 최씨는 인현 왕후를 지지했는데, 덕분에 숙종은 인현 왕후를 폐위시킨 자신의 결정을 후회했지요. 그래서 얼마 뒤 인현 왕후가 다시 중전으로 돌아오고 장희빈은 희빈으로 내려앉았어요.

이 모든 것은 인현 왕후와 장희빈을 두고 조정 대신들이 권력 싸움을 벌이면서 빚어진 일이에요. 그 당파 싸움은 왕권을 위협하고, 세자의 책봉과 왕비의 자리까지도 쥐고 흔들었어요. 그리고 두 여인의 슬프고도 무서운 싸움으로 이어졌지요.

숙종이 인현 왕후를 중전의 자리에 되돌려 놓자, 장희빈은 궁궐

궁궐의 살림꾼, 궁녀

궁중의 살림은 매우 크지요. 이 살림을 맡아보던 사람들이 궁녀예요. 궁녀들은 왕, 왕비, 대비, 후궁, 세자 등을 위해 밥도 하고 빨래도 하고 청소도 했어요. 궁녀는 열 살 안팎의 나이에 궁궐로 들어와 글과 예절 등을 익히고 특별 교육을 받았어요. 이렇게 공부하는 궁녀를 각시라고 했어요. 각시가 된 궁녀는 약 15년 동안 공부해야 정식 궁녀인 나인이 될 수 있었어요. 나인이 되면 궁 안에서 일할 곳이 정해지고 월급도 받았죠. 나인으로 30여 년을 근무하면 최고 지위인 상궁 자리에도 오를 수도 있었답니다.

깊숙한 곳에 신당을 차려 놓고 무녀를 불러들여 굿을 했어요. 또 인현 왕후의 모습을 본떠서 깎은 나무 인형과 새, 쥐 등을 통명전 일대에 파묻기도 했어요.

장희빈의 저주 때문이었을까요? 아니면 허약해진 건강 때문이었을까요? 인현 왕후는 얼마 못 가 병에 걸려 세상을 떠나고 말았어요. 그러나 장희빈은 다시 중전 자리에 오를 수 없었어요. 인현 왕후를 저주했다는 사실이 들통 나 사약을 받았거든요. 조정 대신들은 어린 세자를 위해 장희빈을 용서해 달라고 했지요. 하지만 숙종은 완고하게 거절했고, 후궁이 왕비로 승격될 수 없는 법까지 만들었어요.

아름다운 통명전의 연당과 화계

연당
화강암 난간이 사방을 두르고 있는 사각형 연못이에요. 난간 기둥에는 꽃봉오리와 연잎이 새겨져 있어요. 한가운데 괴석으로 섬을 만든 것은 우리나라 연못의 특징이지요.

화계
좁은 공간을 나무가 우거진 화단처럼 꾸미려면 계단처럼 쌓으면 돼요. 이렇게 비탈진 땅을 깎지 않고 흙을 채워 계단처럼 꾸민 것은 자연을 해치지 않으려는 조상들의 마음이지요.

작은걸음 큰 생각
자경전 터

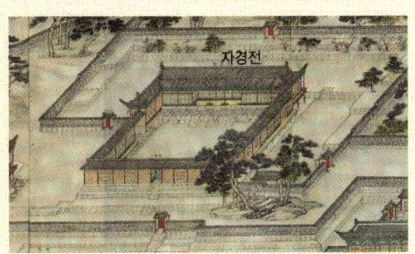
동궐도의 일부분

통명전 뒤 언덕 위로 올라가면 평탄한 잔디밭이 나와요. 사실 이 잔디밭에는 정조의 효심이 깃든 자경전이 있었어요.

사도세자의 아들인 정조는 다행히 왕위에 오를 수 있었어요. 정조는 왕위에 오르자 마자, 창경궁 건너편에 있는 함춘원(사도세자가 묻힌 곳)에다 아버지를 생각하며 경모궁을 세웠어요. 경모궁은 창경궁 맞은 편의 서울대학병원이 자리한 곳이었어요.

그리고 몇 년 뒤 정조는 창경궁으로 옮겨와 살면서 경모궁에 참배하러 다니기 편하도록 홍화문 북쪽에 담장을 헐고 월근문을 세웠어요. 그리고 정조는 아버지의 사당이 보이는 장소에 어머니를 위한 자경전을 지었죠. 정조의 효심이 얼마나 대단했는지 자경전은 왕비가 머무르는 통명전보다 더 규모도 크고 높은 곳에 위치했어요. 이곳에서 혜경궁 홍씨는 〈한중록〉을 썼어요.

그런데 자경전 건물은 고종 때 불타 버렸고 이후 그 자리에 장서각이 들어섰어요. 장서각은 조선총독부에서 지은 것으로 창경궁의 맥을 끊으려고 이곳에다 일본식 건물을 지었어요. 장서각 건물은 도서관 및 박물관 건물로 사용되었다가 1980년에 창경궁 복원 계획을 세운 뒤 허물어지고 지금은 터만 남았답니다.

궁궐의 어른인 대비

왕의 어머니를 대비라고 해요. 조선 시대의 대비는 왕실의 어른으로서 정치에 막대한 영향을 끼치기도 했어요. 다음 왕이 정해지지 않은 상태에서 갑작스럽게 왕이 승하했을 때, 대비에게 후계자를 정할 수 있는 권한이 있었어요. 그리고 후계자인 왕의 나이가 어리면 대비가 수렴청정을 하기도 했죠. 이렇게 특별한 권력을 행사한 대비도 있었지만, 보통은 궁중의 어른으로서 왕과 왕비의 문안 인사를 받고 왕실의 경조사에 참석하는 정도의 활동을 했어요.

상처투성이로 남은 창경궁 후원

　자, 이제 창경궁의 후원으로 발길을 옮겨요. 후원은 왕실 가족의 휴식 공간이에요. 왕과 왕비는 후원에서 산책을 하며 담소도 나누고, 나랏일을 위한 사색에 잠기기도 했어요. 그렇다고 후원이 쉼터 노릇만 한 것은 아니에요. 이곳에서 과거 시험도 치르고 군사 훈련을 하기도 했거든요. 그런데 창경궁의 후원은 역사의 상처가 많은 곳이에요. 과연 어떤 상처들일까요?

　양화당과 집복헌 사이에는 커다란 너럭바위가 있어요. 그 위로는 계단이 있는데, 계단을 올라 맨 먼저 만나는 것은 풍기대예요. 풍기대는 성종태실비를 보고 나오면서 설명하기로 하고 성종태실비로 가 보아요.

후원으로 가는 길
일제 강점기 때 장서각이 저 계단 위에 세워졌어요. 118쪽의 사진을 참고해 보세요.

성종의 태실과 태실비

창경궁 안에 여러 건물이 있던 터

우리 조상들은 갓 태어난 아기의 탯줄을 아주 소중히 여겼어요. 궁중에서는 아기의 탯줄을 깨끗이 씻어서 백자 항아리에 담아 보관했지요. 그 보관 장소를 태실이라고 해요. 이 태실은 전국의 좋은 땅을 찾아 정했어요. 그래야 아기의 운명이 순탄하고 영화로울 거라고 생각했기 때문이지요. 그런데 유독 성종 태실비만이 창경궁에 보관되어 있어요. 왜일까요?

원래 성종 태실은 경기도 광주 경안면에 있었는데, 일제 강점기인 1928년 일본이 전국에 있는 조선 왕들의 태실을 모두 서삼릉으로 옮길 때 성종 태실만 이곳으로 옮긴 거예요. 왜냐하면 여러 태실 가운데 성종 태실이 잘 보관되어 있어서 태실의 표본을 삼기 위해서라고 했어요. 하지만 이것은 일제의 허울 좋은 구실이었어요. 일제는 조선 왕조를 깎아내리기 위해 소중하게 보관하고 있던 태실을 함부로 파헤쳐 한 곳으로 모아 놓았고, 그중 성종 태실비를 창경궁으로 옮겨와 그저 박물관의 야외 전시품 정도로 만들어 버린 것이에요.

성종 태실비를 지나 춘당지로 가기 전에 좀 전에 만났던 풍기대를 살펴보아요. 풍기대는 영조가 만든 것으로, 가운데

 서삼릉
경기도 고양시에 있는 조선 시대의 세 왕릉이에요. 중종의 왕후인 장경 왕후의 희릉, 중종의 효릉, 철종의 예릉이 있어요.

창경궁 안에 서 있는 탑

바람의 방향과 속도를 조절하는 풍기대와, 유교를 숭상하는 왕실의 위엄을 떨어뜨리기 위해 일본이 궁궐 안에 옮겨 놓은 불탑들이에요.

풍기대

오층석탑

팔각칠층석탑

춘당지

뚫린 구멍에 긴 장대를 꽂아 세우고 그 끝에 천을 달아 바람의 방향과 속도를 측정했어요. 풍기대를 궁궐의 후원에 만들어 놓은 것은 그만큼 농사를 소중하게 여겼기 때문이에요.

이렇게 농사를 소중하게 생각했다는 것은 춘당지 옆에 있는 내농포를 봐도 알 수 있어요. 춘당지는 호리병 모양을 한 제법 큰 연못인데, 잘록한 허리 윗부분은 춘당지이고, 아랫부분은 본래 논이었어요. 이 논을 내농포라고 불렀어요. 이 논에서 왕이 직접 농사를 지으면서 백성들에게 농사 시범을 보였어요.

궁궐 안에서 농사를 지었다는 것은 왕이 농사를 짓고 사는 백성의 생활을 직접 체험하면서 동시에 농업을 권장하겠다는 뜻이 담겨 있었으며 궁중 생활을 검소하게 하려는 마음도 담겨 있었답니다.

그런데 지금 창경궁에서는 내농포의 흔적을 찾아볼 수 없답니다. 일제 강점기 때 일본들이 내농포를 파헤쳐 큰 연못으로 만들어 버렸던 거예요. 그리고 춘당지에 배를 띄워 뱃놀이를 하게 하고, 주변에는 일본을 상징하는 벚꽃을 심어 일본식 공원을 만들었어요. 벚꽃이 피는 봄철에는 야간에도 창경궁을 구경할 수 있도록 했지요. 해방 뒤에도 창경궁은 여전히 창경원이라 불리우며 여러 가지 놀이 기구에게 자리를 내줬어요.

다행히 1984년에 춘당지는 한국식 연못으로 제 모습을 찾았지만 백성들을 생각하며 직접 씨를 뿌리고 벼를 수확했던 왕

의 모습을 그려볼 수 있는 내농포는 다시 볼 수 없게 되었어요. 어디 그뿐인가요? 춘당지에서 북쪽으로 넓은 언덕에서는 조선 시대에 과거도 보고, 군사 훈련도 했지만 지금은 전혀 그런 흔적을 찾아볼 수 없지요.

춘당지 뒤로 가면 일제 강점기 때 만들어 놓은 식물원이 있어요. 창경궁에 있던 동물원은 현재 서울대공원으로 자리를 옮겨 갔지만, 식물원은 아직도 창경궁에 남아 있지요. 식물

관덕정
단풍숲이 아름다운 관덕정은 왕비가 뽕을 따고 누에를 치던 잠단 자리에 세워진 정자예요.

원 서쪽으로 들어가면 관덕정이라는 정자가 있어요. 이 정자에서는 왕이 활을 쏘며 체력 단련을 했답니다. 관덕정은 단풍이 아름다워서 창덕궁과 창경궁 내의 여러 경치 중에서도 손에 꼽힌답니다. 이 부근을 살펴보면 성균관으로 통하던 집춘문이 있고, 국립서울과학관으로 갈 수 있는 과학의 문이 있어요.

여러분은 창경궁의 후원을 돌아보면서 무엇을 보았나요? 혹시 동물원과 식물원, 그리고 벚꽃이 흐드러졌던 예전의 모습을 그려보지는 않았나요?

창경궁의 후원

식물원

후원숲

월근문

창경궁을 떠나며

　자, 창경궁을 모두 둘러본 느낌이 어떤가요? 몇몇 건물만 덩그러니 남아 있고, 그마저도 어둡고 썰렁해 실망하지는 않았나요? 천하를 다스렸다는 왕의 흔적은 온데간데 없고, 텅 빈 궁궐이 시시하다고 생각하지는 않았나요? 창경궁을 견학하고 나면 어떤 친구들은 훼손되고 망가진 궁궐을 보니 화가 난다고도 하고, 어떤 친구들은 너무 초라한 궁궐에 실망하기도 했다고 해요. 그렇다면 더욱 더 창경궁의 가치를 되새겨 보고 관심을 가져야 할 거예요.

　그나마 다행인 것은 창경원에서 창경궁으로 제 이름을 되찾았다는 것이지요. 하지만 옛모습이 되살아난 건 아니에요. 아직도 훼손된 창경궁의 빈자리가 많이 남아 있지요. 그곳을 채울 수 있는 건 여러분의 관심에 달려 있어요. 여러분이 창

경궁에 관심을 갖는다면, 그리고 그 관심이 우리 사회에 널리 퍼진다면 창경궁은 점점 옛모습을 찾을 수 있을 거예요.

관심을 갖기 위해서는 겉모습만 봐서는 안 되지요. 그 속에 담긴 역사와 의미를 되새겨 보아야 해요. 눈에 보이는 초라함 뒤에 감춰진 궁궐의 참모습을 말이에요. 그 속에는 태평성대를 이루고 싶었던 왕의 꿈이 있고, 제 욕심만 챙기려고 당파 싸움을 했던 벼슬아치들의 이기심도 있으며, 왕의 사랑을 잃고 슬픔에 빠진 왕비의 눈물도 배어 있고, 어른을 섬기는 마음으로 궁궐을 넓혔던 왕의 효심도 깃들어 있어요. 또 외세의 침략으로 인해 망가져 가는 궁궐을 지켜 봐야 했던 백성들의 아픔도 스며 있어요.

창경궁이 겪은 아픈 역사를 다시 겪지 않도록 하기 위해, 우리 궁궐에 많은 관심을 갖도록 해요. 그러면 창경궁은 미래에 제 모습을 찾는 아름다운 궁궐로 거듭날 테니까요.

나는 창경궁 박사!

이제 창경궁에 대해 제법 많이 알았지요? 그렇다면 창경궁에서 보고 들은 내용을 바탕으로 아래 문제를 잘 풀어보세요.

❶ 알맞은 것끼리 연결해 보세요.

궁궐 건축물 주변에는 궁궐을 상징하는 다양한 유물들이 있어요. 유물과 유물의 이름, 그 뜻을 잘 살펴보고 맞는 것끼리 연결해 보세요.

 • 답도 • 월대 계단에 있는 봉황이 그려진 돌판으로 왕의 가마가 지나가는 길

 • 박석 • 직급별로 신하들이 서 있는 위치를 표시해 주는 푯돌

 • 어도와 신도 • 공식 행사 때 왕이 거니는 길로, 가운데는 왕의 길, 양 옆은 신하의 길

 • 품계석 • 명정전 앞마당인 조정 바닥에 깔아 놓은 돌판

 • 드무 • 건물을 보호해 준다는 수호신. 서유기의 삼장법사와 손오공 등을 상징하는 인형

 • 잡상 • 화재를 대비해 항상 물을 담아 놓은 큰 그릇

❷ 문화유산에 대해 이야기해 보세요.

일제 강점기를 거치면서 창경궁은 많은 역사의 상처를 입었어요. 하지만 최근에 문화유산에 대한 관심이 높아지면서 문화재청과 시민단체들은 창경궁의 복원을 위해 많은 노력을 하고 있답니다. 창경궁을 위해 여러분이 할 수 있는 일은 무엇인지 이야기해 보세요.

1.

2.

3.

4.

❸ OX 퀴즈를 풀어 보세요.

창경궁에 대한 다음 설명을 읽고 맞으면 O, 틀리면 X로 답하세요.

1) 창덕궁과 더불어 창경궁은 동궐로 불리던 궁궐이다. (   )

2) 창경궁의 정문과 정전이 동쪽을 향해 있는 건, 서둘러 복원했기 때문이다. (   )

3) 창경궁의 정전은 명정전, 편전은 문정전, 중궁전은 통명전이다. (   )

4) 창경원이 창경궁의 진짜 이름이다. (   )

5) 창경궁 곳곳에 우물이 있는 것은 생활공간인 내전이 발달했기 때문이다. (   )

6) 창경궁에서 탑을 볼 수 있는 것은 왕실 가족이 불교를 열심히 믿었기 때문이다. (   )

궁궐 안내판 만들기

창경궁에 잘 다녀왔나요? 그런데, 만약 만족스럽지 못한 부분이 있어요. 각 장소에 대한 안내판이 너무 어렵게 구성되어 있다는 거예요. 그렇다면 궁궐에 있는 안내판을 어린이들이 쉽게 이해할 수 있는 안내판으로 확 바꾸어 보아요. 예쁜 안내판을 만드는 동안 다시 한번 창경궁에 대해 생각해 볼 수 있을 거예요.

안내판을 하나 골라요

궁궐에 가면 유적을 설명하는 안내판을 쉽게 볼 수가 있어요. 여러분도 한번쯤 유적지에서 안내판을 그대로 옮겨 적어 본 적이 있을 거예요. 하지만 한자말이 가득한 안내판 설명은 너무 어렵고, 궁궐을 찾는 사람들이 흥미로워 하지도 않아요. 창경궁에서 이해하기 어려운 안내판을 하나 골라서 사진을 찍어 보아요.

쉬운 안내판을 만들어요

안내판의 제 역할은 관람객의 이해를 돕는 거예요. 그러려면 어렵지 않아야 하겠지요. 쉬운 안내판으로 만들려면 우선 사진으로 찍어온 안내판에서 어려운 말을 골라요. 그리고 사전에서 찾아보고, 쉬운 말로 풀어 보세요. 뿐만 아니라 안내판에서 유적지에 대해 꼭 필요한 정보만 추려 쉽고 간결하게 정리해 보아요.

의미있는 안내판으로 만들어요

궁궐 안내판은 유적지에 대한 역사와 가치를 바로 설명해야 해요. 견학을 통해 우리 문화유산을 제대로 이해할 수 있도록 말이에요. 그래야 우리 역사를 소중히 생각하고 흥미와 자부심을 가질 수 있을 거예요. 그런 멋진 의미가 담긴 안내판을 만들어 보아요.

나만의 예쁜 안내판을 만들어요

지도를 곁들여 유적지가 한눈에 들어오게 보여 준다면, 관람하는 데 도움을 줄 거예요. 또한 각 유적지에서 꼭 보아야 할 것도 곁들여 주세요. 그 장소에서 어떤 역사적 사건들이 있었는지도 설명해 준다면, 더욱 재미있겠지요. 안내판을 꾸밀 때 궁궐 분위기에 맞추면 더 예쁜 안내판이 될 거예요.

창경궁 안내판

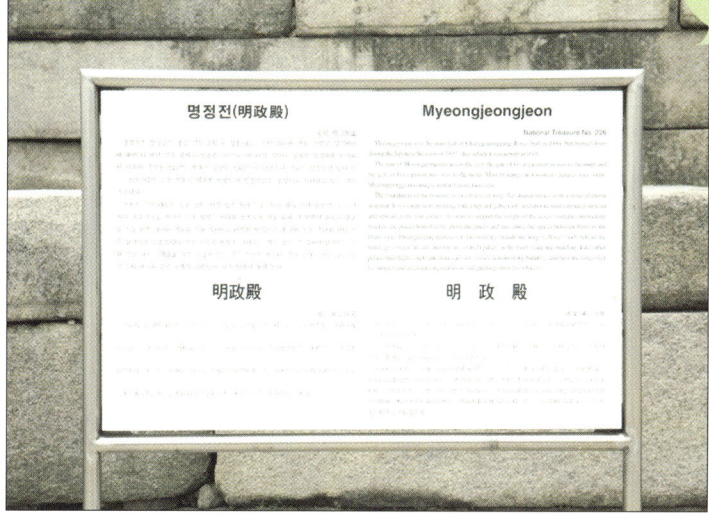

명정전 앞 안내판을 읽어 보아요. 최근에는 안내판 내용이 비교적 많이 쉬워졌지만 아직도 초등학생인 여러분이 읽기에는 조금 어려워요.

다시 쓴 안내판

세종대왕은 어려운 한자어로는 백성들이 자신의 뜻을 제대로 펼 수 없었던 점을 헤아려 한글을 만들었어요. 그런 세종대왕의 뜻을 이어받아 안내판을 고쳐 써 보니 어떠한가요? 친구들뿐 아니라 누구나 쉽게 이해할 수 있겠지요? 안내판을 고친 후에는 친구들과 돌려 읽어 보고 문화재청이나 궁궐 관리 사무소에 안내판을 이렇게 고쳐 달라는 제안을 해 보세요.

살아 있는 근현대 역사의 현장,

덕수궁

덕수궁은 조선 시대 후기부터 근현대에 이르는 갖은 역사의 흔적이 남아 있는 궁궐이에요. 조선이 외국에 문호를 연 뒤부터 시작된 개화 정책의 흔적과 열강들이 이권을 침탈하려는 과정에서 생긴 아픔이 고스란히 남아 있는 궁궐이지요. 덕수궁을 돌아보며 가슴아픈 우리 역사의 흔적을 찾아보고 그와 관련된 역사적 사실을 생생하게 느껴 보세요.

미리 알아 두세요

관람 시간 09:00~21:00(20:00까지 입장)
관람료 만 25세~만 64세 1,000원
쉬는 날 매주 월요일
문의 02)771-9951
주소 서울 중구 세종대로 99
홈페이지 www.deoksugung.go.kr

가는 방법

지하철 시청역 1호선(2번 출구),
2호선(12번 출구) 덕수궁 방면
버스 시청 앞에서 내려요. 출발하는 곳에 따라 하차하는 정류장이 다르니 시청 건물을 보고 오면 쉽게 찾을 수 있어요.

※ 덕수궁에는 주차장이 없어요. 대중교통을 이용해 주세요.

열강의 침탈과 대한 제국

　1896년 초, 추위가 매서웠던 어느 겨울날, 일본의 간섭으로부터 벗어나기 위해 경복궁을 빠져 나와 러시아 공사관으로 피신해 있던 고종은 일 년 만에 궁궐로 다시 돌아왔어요. 그러나 돌아온 곳은 경복궁이 아니라 러시아 공사관 근처에 있는 덕수궁이었지요. 그 부근에는 러시아 공사관뿐만 아니라 다른 열강*들의 공관들도 있어, 일본이 함부로 조선을 간섭하지 못할 것이라고 여겼기 때문이지요.

　덕수궁에서 고종은 조선의 국호를 대한 제국으로 바꾸어 선포하고, 새로 지은 황구단에서 하늘에 제사를 지낸 뒤 황제의 자리에 올랐어요. 그리고 실제로 부국강병*을 위해서 여러 가지 개혁 정책을 추진하기도 했지요.

* 열강: 여러 강한 나라들이에요.
* 부국강병: 나라를 부유하게 만들고 군대를 강하게 하는 것을 말해요.

이로 인해 일본의 간섭에서 어느 정도 벗어날 수 있었지만, 다른 열강의 간섭을 받아야 하는 또 다른 어려운 처지에 놓이게 되었답니다.

대한 제국 수립 이후 줄곧 전개되어 온 러시아와 일본의 대결은 1904년에 일어난 러일전쟁을 계기로 점차 일본 쪽으로 힘이 기울기 시작했어요. 전쟁에서 승리한 일본은 본격적으로 대한 제국을 침탈하기 시작했지요.

1905년에는 이미 그 전에 맺은 제1차 한일협약(1904)에 이어 을사조약으로 잘 알려져 있는 제2차 한일협약을 맺어 외교권을 강제로 빼앗아 갔고, 이토 히로부미를 통감으로 보내어 대한 제국의 정치를 본격적으로 간섭하기 시작했어요. 심지어 일본은 1907년, 네덜란드 헤이그에 특사를 파견한 것을 빌미로 삼아 고종 황제를 강제로 황제의 자리에서 물러나게 하는 만행까지 저질렀지요.

고종 대신 순종을 황제의 자리에 올린 뒤에는 한일신협약을 맺어 우리 군대까지 해산시키며 침략의 속셈을 노골적으로 드러냈어요. 순종은 황제의 자리에 오르자마자 창덕궁으로 옮겨 갔고, 고종은 쓸쓸히 덕수궁에 머물러 있었답니다.

이후 일본은 대한 제국의 사법권과 경찰권마저 빼앗은 뒤 1910년 강제로 나라를 빼앗았고 이때부터 대한 제국은 역사 속으로 사라지고 말았어요.

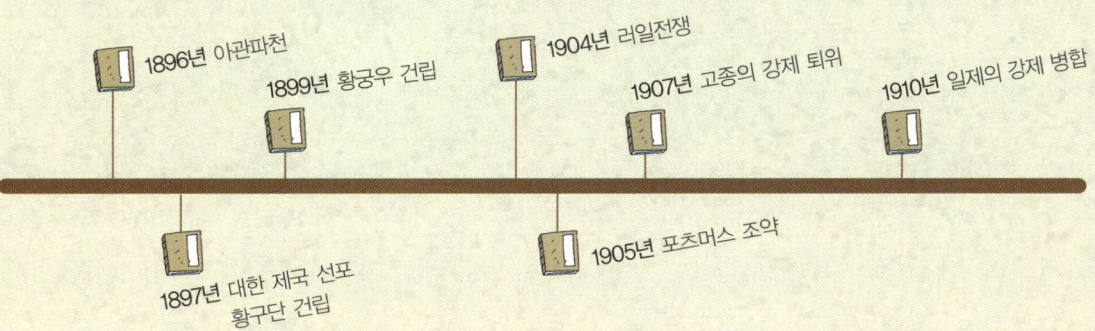

한눈에 보는 덕수궁

덕수궁은 원래 조선 9대 임금이었던 성종의 형 월산대군의 집이었어요.
하지만 이곳에서 광해군이 임금의 자리에 오르면서 '경운궁'으로 이름이 바뀌게
되었지요. 그러다 1907년 고종 황제가 경운궁에 머물게 되면서 고종
황제의 장수를 비는 뜻에서 덕수궁으로 고쳐 부르게 된 것이지요.
대한 제국 시절 덕수궁의 모습은 큰 변화를 겪었어요.
우리의 전통에 서양의 문물이 더해져서 다른 궁궐들과 달리
서양의 건축 양식을 많이 엿볼 수 있지요.
그럼, 우리 근현대 역사의 숨결이 느껴지는
덕수궁으로 들어가 볼까요?

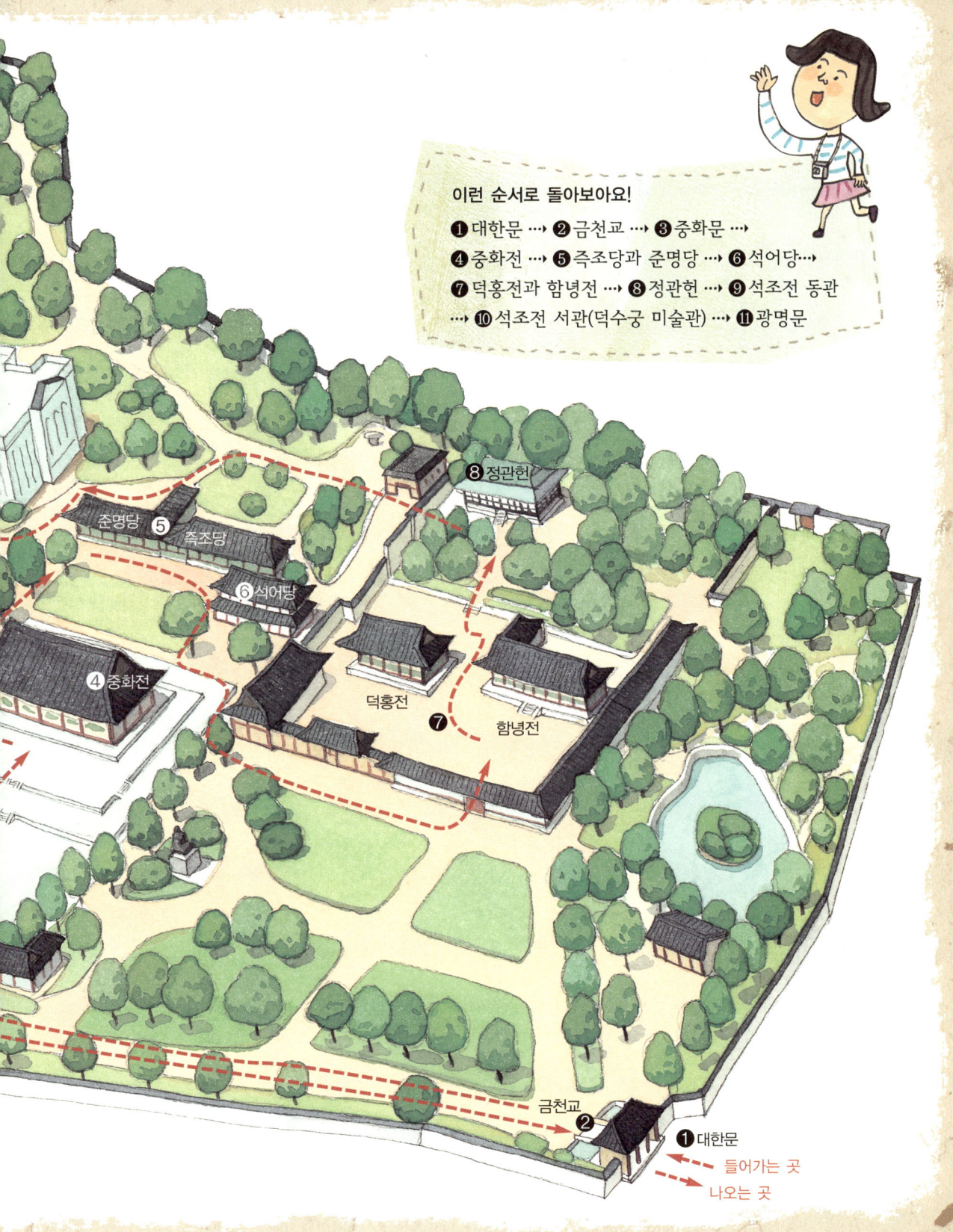

근대 역사의
문을 열다

덕수궁 앞 대한문 광장은 더불어 근대의 역사로 들어가는 입구이기도 하지요. 1919년 3월 1일에는 독립을 외치는 우리 민족의 만세 소리로, 1987년에는 민주화를 외치는 시민들의 구호로 가득 찼던 거리예요.

대한문
덕수궁의 정문이에요.

덕수궁의 역사

1593년 임진왜란 때 모든 궁궐이 불에 타 의주로 피난 갔던 선조가 한성으로 돌아온 뒤 궁궐로 사용함. 당시 '정릉동 행궁'으로 부름

1611년 광해군 3년에 수리를 마친 창덕궁으로 옮기면서 '경운궁'으로 부름

1618년 광해군이 인목대비를 폐위한 뒤 머물게 하면서 '서궁'으로 낮추어 부름

1623년 인조 반정 이후 인조가 즉조당에서 왕위에 오름. 인조가 인목대비와 창덕궁으로 옮김

1897년 아관파천 이듬해에 고종이 러시아 공사관에서 경운궁으로 돌아와 궁궐로 사용. 대한 제국을 선포하고 황제의 자리에 오름

참, 2002년과 2006년에는 월드컵을 응원하며 '대한 민국'을 외치던 함성이 이곳을 가득 메우기도 했었지요.

거리에는 지금도 차와 사람들이 바쁘게 오가며 새로운 역사를 만들어 가고 있어요. 지금으로부터 100여 년 전에도 이 길에는 지나다니는 외국인들이 무척 많았답니다. 한강 나루터가 가까워 우리 나라에 외교를 맺으러 온 외국 공관들이 덕수궁 부근에 자리를 잡았거든요.

대한문의 원래 이름은?

대한문의 원래 이름은 '대안문'이었어요. 1906년 대안문을 수리하면서 지금은 대한문이 덕수궁의 정문으로 이용되고 있지만 원래는 경운궁의 동쪽 문이었어요. 다른 궁궐을 보면 정문으로 이용된 문들은 공통적으로 '화' 자가 가운데 들어가요. 광화문, 돈화문, 홍화문, 흥화문처럼 말이에요. 그런데 대한문은 그렇지 않아요. 그것이 덕수궁의 정문이 아니었다는 증거이지요. '화' 자에는 '백성을 교화하고 감화시킨다.'는 뜻이 담겨 있어요. 오늘날 대한문이 서 있는 자리도 원래 자리가 아니에요. 대한문 앞의 길을 넓히면서 원래 자리에서 33미터나 뒤로 밀려난 것이지요. 덕수궁의 역사를 되살리려면 대한문의 자리와 역할도 더불어 찾아 주어야 할 거예요.

아픈 역사가 서려 있는 이름, 덕수궁

덕수궁이라는 이름은 대한 제국 때 붙여졌어요. 그런데 그 이름에는 아픈 역사의 흔적이 남아 있답니다.

- **1904년** 경운궁에 큰불이 나서 경운궁 안의 많은 건물들이 불에 탐
- **1905년** 중명전에서 을사늑약이 강제로 체결됨
- **1907년** 일본이 고종을 황제의 자리에서 강제로 물러나게 함. 순종은 황제의 자리에 오른 뒤 창덕궁으로 옮기고 고종 황제만 머무름. 이때부터 덕수궁으로 불리기 시작함
- **1919년** 고종이 세상을 떠남
- **1946년** 광복 후 석조전에서 미소공동위원회가 열림

1907년의 일이었어요. 고종은 1905년에 강제로 체결된 을사늑약의 부당함을 전 세계에 알리기 위해 네덜란드 헤이그에서 열린 만국 평화 회의에 이준 등 **특사** 3명을 보냈어요. 하지만 일본의 방해와 외교권이 없다는 이유로 회의장에 들어가지 못했답니다. 그런데 특사를 보냈다는 사실을 뒤늦게 안 일본은 이를 트집잡아 고종을 강제로 물러나게 하고 그 대신 아들 순종을 황제의 자리에 오르게 했어요.

　그 뒤에도 고종은 경운궁에 계속 머물렀는데, 그때 순종이 '오래 살라'는 뜻을 담아 '덕스러울 덕(德)', '목숨 수(壽)'의 '덕수'라는 **궁호**를 지어 올렸답니다. 고종의 궁호인 '덕수'를 따서 경운궁은 '덕수궁(德壽宮)'으로 이름이 바뀌게 되었지요.

　그런데 일본은 그 뒤 고종 황제를 '덕수궁 전하'로, 순종을 '창덕궁 전하'로 격을 낮추어 불렀어요. 황제나 황후에 대한 호칭인 '폐하' 대신 그 아래의 격인 '전하'로 낮추어 부른 것이지요.

📖 **특사**
특별한 임무를 주어 보내는 사절을 뜻해요.

📖 **궁호**
조선 시대에 공덕을 칭송하여 올리는 칭호예요.

어느 문으로 들어 갈까요?

　자, 이제 대한문으로 들어가 볼까요. 그런데 잠깐만요. 대한문도 들어갈 수 있는 문이 3개로 나누어져 있어요. 임금과 신하들이 다니는 문

삼도
금천교는 길이 세 부분으로 나누어져 있어요. 가운데는 왕이, 오른쪽과 왼쪽은 문반과 무반이 지나다니던 길이에요.

금천교
대한문을 통과하면 나오는 다리예요. 옛날에는 다리 밑으로 물이 흘렀지만 지금은 흐르지 않아요.

이 다르지요. 세 개의 문 중에서 임금은 가운데에 있는 큰 문으로 드나들었어요. 그 문을 '어문'이라고 해요. 양쪽의 두 문은 **문반**과 **무반**이 지나다녔고요. 대한문 입구에서 '들어가는 곳'이라고 쓰여 있는 곳은 문반들이 드나들던 문이었어요. 그 반대편 문은 무반들이 이용하던 문이었고요.

대한문을 통과하면 다리가 하나 있지요. 금천교라고 해요. 금천교 위의 길도 세 부분으로 나누어져 있어요. 역시 덕수궁 안을 바라보고 가운데는 왕이, 오른쪽은 문반, 왼쪽은 무반이 각각 지나다녔어요. 이 길을 '삼도'라고 해요.

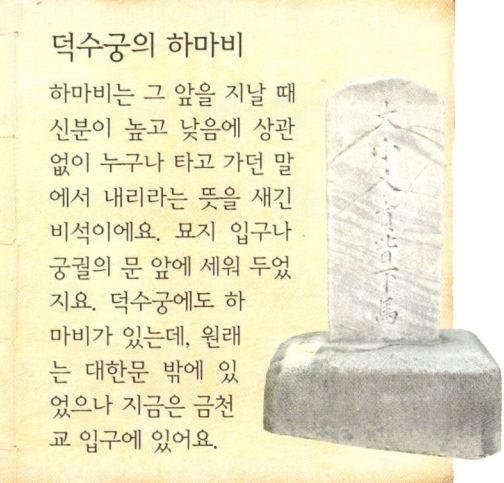

덕수궁의 하마비
하마비는 그 앞을 지날 때 신분이 높고 낮음에 상관없이 누구나 타고 가던 말에서 내리라는 뜻을 새긴 비석이에요. 묘지 입구나 궁궐의 문 앞에 세워 두었지요. 덕수궁에도 하마비가 있는데, 원래는 대한문 밖에 있었으나 지금은 금천교 입구에 있어요.

🏛 **문반**
문관의 신분을 뜻해요. 역사, 철학 등 학문을 익혀 관리가 된 사람이지요.

🏛 **무반**
무관의 신분을 뜻해요. 군사 일을 맡아보던 관리이지요.

덕수궁의 정전, 중화전

　금천교 위로 이어진 삼도를 따라 천천히 앞으로 걸어가면 길 오른쪽에 서 있는 큰 문을 만날 수 있어요. 바로 '중화문'이에요. 중화문은 정전인 중화전으로 들어가는 입구예요. 이 중화문 앞쪽에는 넓은 빈터가 있는데 그 주변이 바로 덕수궁의 원래 정문인 인화문이 있던 자리랍니다. 원래 인화문, 중화문, 중화전은 거의 일직선으로 세워져 있었어요. 그런데 중화문 앞에 서면 한 가지 의문이 들어요.

중화전
1902년에 지어진 중화전은 보물 제819호로 지정되어 있어요. 중화전 안에는 임금이 앉았던 자리인 용상이 있고 그 뒤로 임금의 만수무강을 바라는 '일월오악병풍'이 놓여 있어요. 일월오악병풍은 해와 달, 다섯 개의 산이 그려진 그림이랍니다.

'이 문이 정말 중화전으로 들어가는 문 맞아?'

왜냐하면 중화문의 좌우로 담의 역할을 하는 회랑이 없기 때문이지요. 이 때문에 중화문을 지나서 품계석이 좌우로 늘어서 있는 뜰 안으로 들어가도 안으로 들어선 느낌이 들지 않아요. 그런데 처음부터 담이 없었던 것은 아니랍니다. 일제 강점기에 일본이 그 앞에 가로로 난 길을 넓히면서 없애버린 것이지요.

박석
매끄럽게 깎지 않고 울퉁불퉁하게 만들어 오히려 자연스러운 아름다움이 잘 살아나 있어요.

중화문을 지나면 덕수궁의 가장 중요한 건물인 중화전이 나와요. 뜰에는 삼도가 중화전 앞까지 이어져 있고, 그 주변에는 관리들의 품계를 나타내는 품계석이 세워져 있어요. 조회를 할 때 벼슬아치들은 궁궐에 도착한 순서대로 서지 않고 이 품계석을 보고 자신의 품계에 맞는 자리에 섰답니다. 아무리 늦게 도착했더라도 영의정, 좌의정, 우의정과 같은 최고 벼슬아치들은 임금과 가장 가까운 정1품 품계석 옆에 섰지요. 또 오늘날의 서울시장과 같은 한성판윤은 정2품이어서 세 정승 뒤에 서야 했어요.

그런데 길이 왜 이렇게 울퉁불퉁하냐고요? 얇고 넓게 다듬어 길을 만드는 데 사용한 돌을 박석이라고 하는데 길이 대부분 이러한 박석으로 되어 있기 때문이에요. 이렇게 박석을 깔아 놓은 이유는 벼슬아치들이 신는 신발 바닥이 미끄러워서 걷다가 넘어지는 것을 막기 위해서였어요. 또 햇빛을 여러 방향으로 흩어지게 하여 임금이나 벼슬아치들이 눈부심 때문에 얼굴을 찡그리는 일이 없도록 하기 위해서였지요. 특히 임금 앞에서 계속 허리를 굽히고 있어야 하는 벼슬아치들은 강한 빛이 반사되면 눈을 뜨고 있기가 더 힘들었기 때문에 울퉁불퉁한 박석으로 길을 만든 것이랍니다.

새가 둥지 트는 것을 막기 위해 쳐 놓은 그물, 부시

이제 중화전을 자세히 살펴볼까요? 그런데 중화문과 중화전 현판에 그물이 쳐져 있네요. 왜 그물을 쳐 놓았을까요? 이 그물은 '부시'라고 하는데, 새들이 건물 처마 밑에 둥지를 트는 것을 막기 위해 쳐 놓은 것이에요. 새가 둥지를 틀면 단청이 벗겨지거나 더러워질 뿐 아니라 둥지 안에 있는 어린 새나 새알을 먹기 위해 뱀이 다가갈 수도 있으니까요.

그런데 중화전은 규모가 큰 것처럼 보이면서도 어딘지 모르게 비례가 맞지 않는 것처럼 보여요. 지붕은 크고 넓은데 기둥은 낮아 지붕에 눌려 있는 듯한 느낌이 들기 때문이에요. 왜 이런 모습일까요? 중화전도 원래는 경복궁의 근정전처럼 웅장한 중층 건물이었어요. 그런데 1904년에 큰불이 난 뒤로 다시 지으면서 건축 비용이 많이 들어 원래대로 복원하지 못하고 지금의 모습처럼 단층으로 지었답니다.

📖 **답도**
가마가 지나는 길이라는 뜻이에요.

덕수궁 중화전 답도(왼쪽)와 경복궁 근정전 답도(오른쪽)에 있는 판석이에요. 중화전 판석에는 용무늬가 선명하게 새겨져 있어요.

용 무늬 천장(왼쪽)과 황제의 권위를 나타내는 황금색 창호 (오른쪽)

황제의 상징, 용

중화전으로 오르다 보면 입구에서 답도를 만나게 돼요. 답도 한가운데에는 용 두 마리가 새겨져 있는 네모난 판석이 있어요. 다른 궁궐의 판석에는 봉황이 새겨져 있는데 이곳에는 왜 용이 있을까요? 중화전은 대한 제국의 황제가 머물던 황궁이었기 때문이에요. 봉황보다 용의 격이 한 단계 더 높거든요. 중화전 안의 천장에도 용 두 마리가 날고 있고, 황제가 앉는 어좌에도 용머리가 장식으로 조각되어 있어요. 황금색 창호도 황궁의 특징이랍니다.

 **여기서 잠깐**

드므는 어디에 썼던 물건일까요?

보기에서 알맞은 내용을 골라 번호를 써 보세요. ( )

보기
① 밥을 짓는 가마솥이에요.
② 꽃을 꽂아 놓는 꽃병이에요.
③ 불을 끄는 데 사용한 도구예요.

☞ 정답은 226쪽에

중화전을 한눈에 보아요!

자, 중화전을 구석구석 둘러보았나요? 그러면 이제 중화전을 한눈에 들여다보아요. 덕수궁에서 가장 중요한 건물이니 하나도 놓치지 말고 꼼꼼히 살펴보아요!

❶ 잡상
건물에 사는 사람을 보호해 주는 수호신이에요.

❷ 단청
단청에 그려진 무늬는 나쁜 기운을 막아 주는 상징적 의미를 담고 있어요.

❸ 창호
황금색으로 칠하여 황제의 권위를 나타내고 있어요.

❹ 답도
황제가 가마를 타고 지나다니던 답도예요. 한가운데에 판석이 있고 양쪽 난간에는 성스러운 돌짐승이 있어요.

❺ 다포식 공포
처마 끝이 내려앉지 않도록 여러 개의 나무 기둥을 짜맞추어 댄 것이에요.

❻ 팔작지붕
팔자 모양처럼 생겼다고 해서 팔작지붕이라고 해요. 맞배지붕과 함께 우리 건축물에 가장 많이 쓰이는 지붕 모양이지요.

❼ 정
중화전의 네 모퉁이에 있어요.

❽ 상월대(위)와 하월대(아래)
궁중행사 때 악사나 무희들이 춤을 추던 곳이에요.

❾ 품계석
오른쪽과 왼쪽에 각각 12개씩 놓여 있어요. 정1품부터 정9품까지 있는데 1품부터 3품까지는 정(正)과 종(從)을, 4품부터 9품까지는 정(正)의 품계석만 두었어요.

왕이 업무를 보던 편전, 석어당

석어당은 단청이 없는 것이 특징이에요. 앞의 중화전과 어떻게 다른지 비교해 보세요.

　중화전의 오른쪽으로 돌아가면 '석어당'이라는 이층 건물이 있어요. 덕수궁에서 나무로 지은 건물 가운데 유일하게 남아 있는 이층 건물이에요. 또, 단청이 없는 것이 특징이지요.

　석어당은 편전이에요. 임금이 평소에 업무를 보던 곳이었지요. 지금 보는 석어당 건물은 1904년에 큰불이 난 뒤 다시 복원하여 지은 거예요.

　임진왜란이 끝난 뒤 평안북도 의주로 피난 갔던 선조가 한성으로 다시 돌아와 승하할 때까지 이곳에서 머물렀어

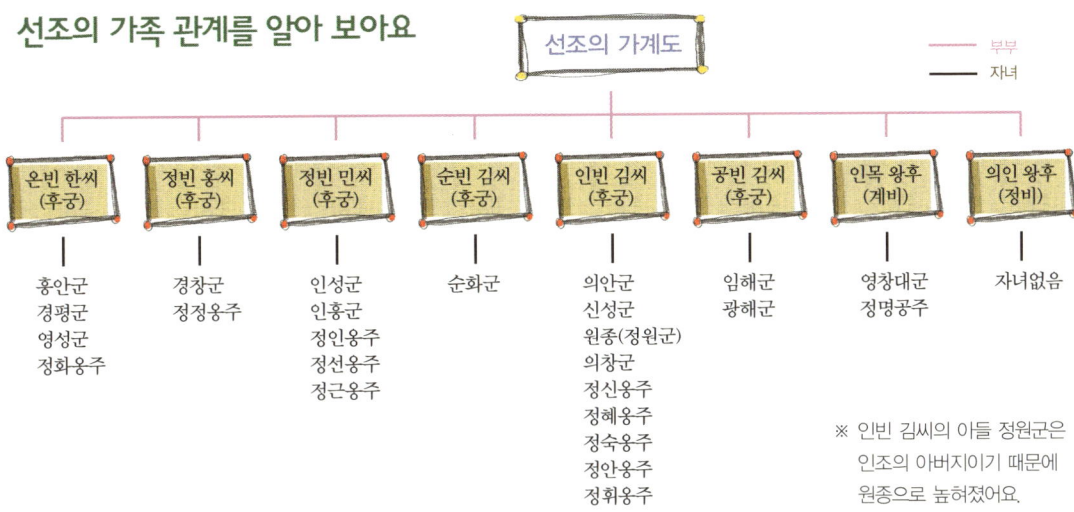

요. 석어당에는 선조의 뒤를 이어 이 궁에서 임금의 자리에 오른 광해군과 얽힌 사연이 많아요.

인조 반정의 현장

1623년 3월, 조선에서는 **중종 반정**에 이어 두 번째 **반정**이 일어났어요. 광해군이 임금이 된 지 15년째 되던 해였지요. 광해군은 선조의 **서자**였어요. 광해군의 어머니인 공빈 김씨는 후궁이었고 광해군에게는 형인 임해군도 있었어요. 따라서 세자로 정해질 때부터 광해군이 임금의 자리를 물려받는 것이 옳은가에 대한 문제로 논란이 많았지요.

결국 임진왜란 중에 광해군이 세자가 되기는 했으나, 선조의 정비인 의인 왕후가 승하하자 1602년 선조는 다시 왕비를 맞아들였어요. 당시 왕비의 나이는 열아홉 살이었어요. 이 왕비가 바로 인목 왕후랍니다.

📖 **승하**
임금이나 존귀한 사람이 세상을 떠남을 높여 이르는 말이에요.

📖 **중종 반정**
1506년에 성희안, 박원종 등이 연산군을 몰아 내고 성종의 둘째 아들인 진성 대군을 왕으로 올린 사건이에요.

📖 **반정**
'돌이켜 바로 잡는다.'는 뜻으로, 왕이 정치를 잘못할 때 새로운 왕을 세워 잘못된 정치를 바로 잡고자 일으켰어요.

📖 **서자**
본부인이 아닌 작은부인이 낳은 아들을 뜻해요.

인조 반정을 일으킨 주된 명분은 무엇이었을까요?

명분은 두 가지였어요. 첫 번째는 광해군이 중립 외교를 펼쳤다는 것이에요. 당시 중국에서는 명과 후금이 맞서고 있었는데 조선의 조정에서는 임진왜란 당시 조선을 도와 준 명나라를 도와야 한다는 생각이 강했어요. 그런데 광해군은 명과 후금 어느 편에도 서지 않고 중립 외교를 펼치니 벼슬아치들이 못마땅했던 것이지요.
두 번째는 형제들을 죽이고 어머니 격인 인목 왕후를 폐비시킨 패륜아를 임금으로 모실 수 없다는 것이었어요.

📖 **서인**
아무 벼슬이나 신분적 특권을 갖지 못한 일반 사람을 말해요.

📖 **유폐**
아주 깊숙이 가두어 두는 것을 뜻해요.

궁궐에 들어온 인목 왕후는 이듬해에 아기를 가졌어요. 이때부터 궁궐 안에는 긴장감이 감돌기 시작했어요. 인목 왕후가 아들을 낳는다면 광해군보다 우선적으로 임금이 될 수 있는 자격을 갖게 되기 때문이었지요. 첫째는 딸이었지만 3년 뒤 인목 왕후는 아들 영창대군을 낳았어요.

이때부터 광해군을 지지하는 세력과 영창대군을 지지하는 세력 사이에 왕위 계승을 둘러싼 갈등이 심해졌어요.

선조는 영창대군에게 왕위를 물려주려고 했어요. 그러나 영창대군이 세 살 되던 해에 선조가 갑자기 승하하는 바람에 광해군이 왕위에 올랐어요. 그러자 광해군을 따르는 신하들은 왕위 계승의 정통성에 문제가 생길 것을 염려하여 여덟 살밖에 안 된 어린 영창대군을 강화도로 유배 보냈어요. 그리고 1년 뒤 뜨거운 방 안에 가두어 숨지게 하였지요(1614). 그로부터 몇 년 뒤에는 광해군이 인목 왕후를 왕비의 격을 박탈하여 **서인**으로 만들고 석어당에 **유폐**시켰어요.

하지만 5년이 지난 1623년 광해군을 반대하던 사람들

이 새로운 왕을 세우기 위해 반정을 일으켰어요.

창덕궁에 있던 광해군은 반정이 일어나자 한 내관의 등에 업혀 도망쳤어요. 그러나 바로 잡혀서 석어당의 인목 왕후 앞으로 끌려왔지요. 그 때 인목 왕후는 광해군의 죄목 36가지를 말한 뒤 광해군을 폐위시키고, 선조의 손자이자 광해군의 조카였던 능양군을 왕위에 오르게 했답니다. 그렇게 인조 반정은 끝이 났어요.

인조의 즉위식이 열렸던 즉조당

반정 직후 능양군은 반정을 일으킨 사람들의 지지와 인목 왕후의 동의를 얻어 석어당의 뒤편에 있는 즉조당 앞뜰에서 즉위식을 올렸어요. 광해군이 즉위식을 올렸던 바로 그곳이었지요. 이 왕이 조선 16대 왕인 인조예요.

석어당 뒤에 있는 즉조당과 준명당 또한 석어당처럼 편전으로 쓰였어요. 두 건물은 서로 대칭을 이루며 두 채의 행각으로 연결되어 있답니다. 즉조당에는 대한 제국의 역사도 고스란히 담겨 있어요. 고종 황제가 러시아 공사관에서 돌아온 뒤 즉조당을 태극전으로 고치고 중화전이 완공된 1902년까지 정전으로 사용했지요. 준명당은 편전으로 썼는데, 고종 황제는 이곳에 머물면서 업무를 보거나 외국 사신들을 접견했답니다.

준명당(왼쪽)과 즉조당(오른쪽)
즉조당의 현판 글씨는 고종이 직접 썼어요. 준명당은 1916년 고종 황제가 딸인 덕혜옹주의 교육을 위해 유치원 건물로 사용하게 했답니다.

작은걸음 큰 생각

광해군은 왜 다른 왕들처럼 '종'이나 '조'를 붙이지 않았나요?

반정이란 정치를 잘못하고 있는 왕을 폐하고 새로운 왕을 세워 그릇된 정치를 바로잡으려고 일으킨 사건을 말합니다. 조선 시대에는 반정이 두 번 일어났는데, 중종과 인조가 이런 반정을 통해 왕이 되었지요.

원래 '조' 또는 '종'이 붙는 왕의 묘호*는 왕이 죽은 뒤에 붙이는 것이에요. 나라를 세웠거나 큰 업적이 있는 왕에게는 '조'를, 앞선 왕의 업적을 이어받아 덕으로써 나라를 다스린 왕에게는 '종'을 붙였지요. 그런데 연산군과 광해군은 죽기 전에 이미 폐위되었으니 반정을 일으킨 세력들이 왕으로 인정할 리가 없었어요. 그래서 세자 때 불리던 이름을 그대로 사용한 것이지요. 연산군과 광해군 때의 역사도 실록으로 기록하지 않고 격을 낮추어 《연산군 일기》와 《광해군 일기》로 각각 전해 오고 있어요.

무덤도 왕의 무덤은 '능'이라 불리지만 연산군과 광해군의 무덤은 군(君)*의 격식에 따라 그냥 '광해군묘', '연산군묘'라고 불러요. 그뿐만 아니라 왕이 묻혀 있다고 보기에는 무덤의 규모도 작고 초라하답니다.

《광해군 일기》나 《계축 일기》의 기록을 통해 광해군 때의 일들을 알 수 있는데 이 책들은 모두 그 당시 광해군을 반대하던 사람들이 쓴 것이라, 광해군에 대해 일부러 좋지 않게 쓴 부분도 있을 것으로 여겨져요. 그래서 요즘에는 광해군을 다시 평가하려는 시도들도 있답니다.

* 묘호 : 임금이 죽은 뒤에 생전의 공덕을 기리어 붙인 이름이에요.
* 군(君) : 후궁에서 난 아들로 정비가 낳은 아들인 대군과 구분되지요.

침전과 편전으로 쓰인
함녕전과 덕홍전

　석어당 왼쪽에 있는 작은 문으로 들어가 보아요. 담으로 둘러싸여 매우 아늑한 느낌이 들지요. 바로 침전인 함녕전과 편전인 덕홍전이에요. 침전이 편전과 한 공간에 있답니다. 원래 이 두 건물 사이에도 담이 있었는데 사라진 거예요.

　함녕전은 왕이 일상 생활도 하고 잠도 자던 침전이었어요. 따라서 1919년 고종이 승하할 때까지 많은 시간을 보낸 곳 중 하나였지요.

　함녕전의 가운데에는 대청 마루가 있고 동쪽 방은 고종의 침실, 서쪽 방은 왕비의 침실로 쓰였어요. 명성 황후가 을미사변 때 이미 죽임을 당한 뒤라서 다른 후궁들이 생활했지요.

 **을미사변**
1895년(고종 32)에 일본의 자객들이 경복궁을 습격하여 명성 황후를 죽인 사건이에요.

함녕전
고종 황제가 거처했던 침전으로, 1897년에 지었다가 1904년 불에 타 지금 있는 건물은 그해 12월에 다시 지었어요. 건물 안쪽에는 우물 정(井)자 모양의 천장이 있고, 벽의 네 면에는 창을 달았어요. 조선의 마지막 왕실 침전 건물로 건축사 연구에 좋은 자료가 되고 있어요.

함녕전 아궁이
1904년 덕수궁 대화재의 원인으로 알려져 있어요.

함녕전 굴뚝
경복궁이나 창덕궁의 굴뚝에 비해 간결하면서도 멋스러움을 자랑해요.

참, 고종 황제는 을미사변 뒤에 다시 왕비를 맞이한 적이 없기 때문에 덕수궁에는 왕비가 머무는 중궁전 건물이 따로 없답니다.

함녕전은 침전이다 보니 난방을 위해 따끈따끈한 온돌 장치가 있었어요. 동쪽과 서쪽 벽에는 아궁이가 두 개씩 있고요. 그 입구에는 연기에 그을린 자국이 있어요. 이 아궁이가 1904년에 덕수궁에서 큰불이 일어난 지점이라고 전해 오고 있어요. 이 아궁이의 굴뚝은 함녕전 뒤에 있는 정원에 벽돌로 예쁘게 만들어 놓았답니다. 굴뚝 옆 정원에는 예쁜 모란이 심겨져 있어요.

외국 사신들을 접견했던 덕홍전

함녕전 옆에 있는 덕홍전은 외국 사신들을 맞이하는 데 이용한 공간이에요. 하나의 공간으로 지어져 있는데 안에는 이국적이고 흥미로운 장식들이 많아요. 황금색 봉황머리 장식이나 큰 이화문, 천장의 조명 장치가 아주 색다르지요. 당시에 이런 조명을 달았다는 것이 매우 흥미로워요.

덕홍전
1911년에 지었는데 원래 이 자리에는 명성 황후의 신주와 위패를 모셨던 경효전이 있었다고 전해져요. 덕수궁에 남아 있는 궁궐 가운데에 가장 나중에 지어진 궁궐이에요.

없어도 될 것과 있어야 할 것

함녕전과 덕홍전의 행각 앞에 있는 잔디밭이랍니다. 원래 이곳에는 함녕전에 딸린 건물들이 있어야 하는데, 1904년에 있었던 큰불과 한국 전쟁으로 파괴된 뒤 복원하지 않아서 빈 터로 남아 있는 거예요.

잔디밭이 없어도 될 것이라면 있어야 할 것도 하나 있어요. 바로 중화문을 지난 곳에 있는 '광명문'이에요. 지금은 이 문을 지나 들어갈 수가 없고, **흥천사 종**과 **자격루**의 일부, 그리고 **신기전 기화차**를 전시해 놓아서 문처럼 보이지도 않아요. 하지만 원래는 이 문을 지나야만 함녕전으로 들어갈 수 있었답니다. 덕수궁이 복원되면 광명문도 원래 자리를 되찾아야겠지요.

📖 **흥천사 종**
흥천사가 불타면서 1747년(영조 23)에 경복궁 광화문으로 옮겼다가 창경궁을 거쳐 지금 덕수궁에 보관되어 있어요.

📖 **자격루**
세종 때 장영실, 김빈 등이 임금의 명을 받아 만든 물시계예요.

📖 **신기전 기화차**
조선 초기의 로켓 병기인 중·소신기전의 발사장치로 오늘날의 로켓과 같아요.

광명문이 하루빨리 제자리를 찾기 바라며 잘 찍어 두어야지.

황제의 휴식 공간, 정관헌

📖 로마네스크 양식
서유럽에서 유행한 기독교 미술 양식으로 돌로 만든 성당의 둥근 천장, 창, 입구 따위에 반원의 아치를 많이 사용한 건축 양식이에요.

철제 난간
황금색으로 칠한 철제 난간은 소나무, 사슴, 박쥐 문양으로 장식되어 있어요.

이번에는 함녕전 뒤뜰에서 북쪽 방향으로 돌아보세요. 소나무와 모란으로 잘 꾸며진 정원 뒤로 초록색 지붕의 건물이 하나 보이지요. 바로 정관헌이에요. 고종이 러시아의 건축가 사바틴에게 부탁하여 1900년에 지은 건물이지요.

이 건물은 **로마네스크 양식**을 띠고 있는 기둥, 철제 난간 등 서양적인 요소가 많답니다. 하지만 철제 난간을 자세히 보면 소나무, 사슴, 박쥐 문양 등의 한국적인 요소도

찾을 수 있어요.

이 장식에는 박쥐가 새끼를 많이 낳는 동물이기 때문에 황실의 자손이 번창하여 대한 제국이 오래도록 대를 이어가기를 바라는 뜻이 담겨 있어요.

동물 문양은 보통 홀수로 장식해요. 그래서 철제 난간에는 박쥐가 4마리, 기둥 위에 박쥐 한 마리를 더 장식했지요. 기둥 위쪽에 꽃병에 꽂혀 있는 하얀 꽃은 황실을 상징하는 이화랍니다.

고종은 이곳에서 세자(순종)와 함께 음악도 듣고 커피도 마셨지요. 또 외국공사관의 외교관들을 불러 연회를 열기도 했답니다. 고종은 러시아 공사관으로 피해 있던 시절인 아관파천 때에 커피를 처음 맛본 뒤 그 맛을 잊지 못했어요. 그런데 1898년에 흑산도로 유배를 가게 된 김홍륙이 앙심을 품고 고종 황제가 마실 커피에 독을 탄 사건이 있었지요. 다행히 고종은 커피 맛이 이상하다며 뱉어서 목숨을 건졌지만 함께 마셨던 세자는 독 때문에 오랫동안 고생을 했답니다.

'양탕국'이 마시고 싶구나!

커피가 우리 나라에 처음 들어온 것은 1890년을 전후한 때였어요. 당시 사람들은 커피의 영어 발음을 따서 '가배차'나 '가비차'로 불렀어요. 또, 일반 백성들에게 보급된 뒤에는 서양에서 들어온 탕국이라는 뜻으로 '양탕국'이라고 불렀어요. 커피의 색깔과 맛이 한의원에서 다려주는 흑갈색의 한약과 비슷하다고 해서 붙여진 이름이지요.

고종은 1896년 아관파천 때 러시아 공사관에서 커피를 처음 맛보았어요. 러시아 베베르 공사의 처형인 독일계 러시아인 손탁의 권유로 커피를 마시게 된 뒤 세자이던 순종과 함께 즐겨 마셨지요. 고종이 러시아 공사관에서 덕수궁으로 다시 돌아온 뒤에도 커피를 즐겨 마시자, 커피는 왕실의 식품으로만 머무르지 않고 정부 관리나 서울과 지방의 양반들에게까지도 널리 퍼지기 시작했답니다.

이화장
이화는 다섯 장의 꽃잎을 가진 오얏꽃으로 대한 제국 황실을 나타내는 문양이에요.

예쁜 꽃담길과 유현문

정관헌 서쪽에서 덕홍전 서쪽의 행각까지 이어지는 담을 구경해 볼까요? 이렇게 예쁜 무늬가 새겨진 담을 '꽃담'이라고 해요. 이곳의 꽃담은 꽃담 위를 덮고 있는 기와에 봉황과 용무늬가 새겨진 것이 특징이에요.

꽃담을 따라 내려가다 보면 아치 모양의 유현문이 있어요. 유현문에는 용무늬가 새겨져 있답니다. 반대쪽에는 학 무늬가 새겨져 있어요. 자세히 보면 학이 방금 잡은 듯한 물고기를 긴 부리로 물고 있는 것도 볼 수 있어요.

이번에는 유현문의 둥근 아치 부분을 올려다보세요. 문에 새겨진 무늬들은 그린 것이 아니라 회색과 붉은색 전돌을 꼼꼼하게 쌓아 만든 것이에요. 예쁜 꽃담과 유현문은 손님들을 맞이했던 정관헌과 덕홍전의 분위기에 잘 어울리도록 만들었답니다.

📖 **아치**
활이나 무지개같이 한가운데가 높고 길게 굽은 모양이에요.

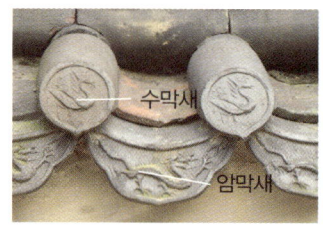

기와의 위쪽 수막새에는 학이, 아래쪽 암막새에는 용무늬가 새겨져 있어요.

유현문

이화장에 들어 있는 일본의 음모!

오얏꽃 모양의 이화장(李花章)은 정관헌뿐 아니라 덕수궁의 건물 곳곳에서 찾아볼 수 있어요. 오얏꽃을 '이화(李花)'라고 한 것은 전주 이씨라는 성의 한자 '李'에 '오얏'이라는 뜻이 들어 있기 때문이에요.

그런데 일제는 대한 제국을 자주 국가가 아니라 천황의 지배를 받는 한 가문으로 낮추기 위해 일부러 이화장을 궁궐 곳곳에 새겨 넣었다고 해요. 실제로 순종이 창덕궁으로 거처를 옮긴 뒤 창덕궁 인정전 지붕의 용마루에도 이화장을 붙여 놓았답니다. 그 또한 대한 제국을 일본 천황의 지배를 받는 한 가문으로 낮추려는 음모였지요.

다른 궁궐 건물에서도 이화장을 찾을 수 있지만 특히 덕수궁의 덕홍전과 정관헌, 석조전에서 이화장을 더 쉽게 찾을 수 있어요.

여기서 잠깐

이화장을 찾아보아요.

아래 사진은 덕수궁 곳곳에 있는 이화장의 모습을 담고 있어요. 각각 어디에 있는 이화장인지 보기에서 골라 빈 칸에 써 보세요.

보기 | 덕홍전, 석조전, 정관헌

1. (   )   2. (   )   3. (   )

서양식으로 지은 석조전

웅장함과 우아함을 자랑하는 석조전 동관이에요.

석조전은 서양의 건축 양식으로만 지은 건물이랍니다.

돌로 만들었다고 해서 붙여진 이름으로, 모습은 서양식이지만 건축 재료는 우리나라에서 가장 흔하게 구할 수 있는 화강암을 사용했어요.

석조전은 중화전의 북쪽에 있는 동관과 'ㄱ'자로 연결되어 있는 서관으로 이루어져 있어요. 석조전 동관은 주로 영국 기술자들이 맡아서 설계하고 지었는데, 완공하기까지 10년이 걸렸어요. 모두 3층 건물로 1층은 황제를 가장 가까이에서 모시던 신하들이 머물던 거실, 2층은 손님을 맞이하

덕수궁 미술관으로 이용되고 있는 석조전 서관이에요.

는 접견실, 3층은 황제 부부의 침실, 거실, 욕실 등 생활 공간으로 사용하도록 설계되었답니다.

내부는 화려한 로코코 양식으로 꾸며졌고 바깥에 길게 늘어선 기둥은 이오니아 양식으로 지어졌어요. 그러나 이 건물이 완성되어 갈 때쯤 대한 제국의 운명은 점차 기울어 가고 있었어요.

1904년 러일전쟁 이후에 체결된 제1차 한일협약과 1905년에 체결된 을사조약(제2차 한일협약)에 따라 외교권을 비롯한 국가의 많은 권리가 일본으로 넘어갔거든요. 게다가 1907년에는 고종 황제가 강제로 퇴위당했을 뿐만 아니라 1910년에는 결국 한일합병 조약이 맺어져 나라를 잃는 치욕을 겪었지요.

궁궐에 분수가 있네요!

분수는 우리나라 궁궐에서는 찾아볼 수 없는 건축 요소예요. 우리 조상들은 물을 끌어올려 밑에서 위로 뿜어 올리는 것은 자연의 순리를 거스른다고 생각했어요.

석조전 앞의 분수대는 1938년 석조전 서관이 완공되던 당시 정원을 꾸미면서 설치했어요.

로코코 양식
복잡한 소용돌이, 꽃 무늬 따위의 곡선 무늬에 맑은 색과 금빛을 함께 사용한 유럽의 건축 양식이에요.

이오니아 양식
고대 그리스에서 발달한 건축 양식으로 100년 정도 성행했어요. 우아하고 경쾌한 것이 특징이에요.

치욕
수치와 모욕을 아울러 이르는 말이에요.

역사 속으로 사라질 뻔한 궁궐 경희궁

서울역사박물관 옆에 위치하고 있는 경희궁은 광해군 때 지어진 궁궐이에요. 경복궁, 창경궁과 함께 조선 왕조의 3대궁으로 꼽히던 곳이에요. 전각도 100여 채가 넘었지요. 그러나 지금은 정문이었던 흥화문과 정전이었던 숭정전, 그리고 후원의 정자였던 황학정만 남아 있지요. 대체 경희궁에는 무슨 일이 있었던 것일까요?

임진왜란이 끝난 뒤 새로 지어진 창덕궁에서 살던 광해군은 인왕산 아래 새로운 궁궐을 짓고 있던 중이었어요. 그런데 정원군(인조의 아버지)의 집에 왕이 될 기운이 서려 있다는 이야기를 들었지요. 그래서 왕기를 누르기 위하여 정원군의 집을 빼앗고 그 자리에 세운 궁궐이 바로 경희궁이랍니다. 하지만 1623년 인조 반정으로 폐위된 광해군은 새로 지어진 경희궁에는 들어가 보지도 못 했지요.

그러다 1909년 경희궁을 허물고 조선에 거주하는 일본인 자녀들이 다닐 경성중학교를 세운 것이 수난의 시작이었어요. 경희궁 안의 전각들이 하나 둘 헐려 나가면서 태평양 전쟁 막바지에는 왕과 왕비의 침전이 있던 자리에 콘크리트를 이용해 방공호를 만들

숭정문
경희궁의 정전인 숭정전의 정문이에요. 기단을 이중으로 높게 쌓았어요.

기도 했답니다.

   정문인 흥화문은, 1915년 도로 공사를 하면서 남쪽으로 옮겨가게 되었어요. 1932년에는 이토히로부미를 기념하는 절인 박문사의 정문으로 팔렸다가, 그 자리에 신라호텔이 들어서자 호텔의 정문 역할도 했지요. 그러다 1988년에야 경희궁 터로 옮기게 되었는데, 그것도 원래 자리가 아닌 곳에 놓였답니다. 원래대로 하자면 구세군 건물이 있는 자리에 흥화문이 있어야 한답니다.

   흥화문을 지나서 만나게 되는 정전인 숭정전은 최근에 복원한 새 전각이에요. 원래의 숭정전은 1926년에 조계사에 팔렸고 그 자리에 동국대학교가 들어서서 지금은 동국대학교의 정각원으로 쓰이고 있답니다. 지금 경희궁 안에 있는 숭정전은 새롭게 복원한 것이에요.

   또한 궁궐의 정문 뒤에 위치하는 금천교는 경희궁을 떠나서 서울역사박물관 앞에 위치하고 있답니다.

   다른 궁궐들이 그렇듯 경희궁도 우리 역사의 수난사를 대변하고 있답니다. 경희궁을 둘러보면서 오랜 세월을 꿋꿋하게 이겨 온 우리나라 궁궐의 숨결을 느껴 보세요.

숭정전
경희궁의 정전이에요. 경종, 정조, 헌종 등 세 임금이 여기에서 즉위식을 거행했어요.

 슬픈 역사의 현장을 돌아보고

  덕수궁이 위치하고 있는 정동은 1880년대 이후 정동은 근대화라는 새로운 물결을 가장 먼저 맞이했던 곳이었어요. 그것은 두 개의 서로 다른 모습으로 나타났지요.

  1890년대 아관파천 이후 외국 열강들의 침탈이 본격적으로 시작되면서 덕수궁을 비롯하여 정동의 여러 곳에 민족의 아픈 역사가 새겨졌어요. 하지만 배재학당, 이화학당, 정동제일교회 등에서 본 것처럼 새 교육과 새 문물이 희망의 싹을 틔우기도 했지요.

정동은 새로운 문화를 가장 먼저 받아들이면서 물밀듯이 밀려온 다른 문화에 대한 충격을 줄여 주는 역할을 했다고 볼 수 있어요.

이렇게 우리나라의 근현대 역사가 생생하게 남아 있는 덕수궁과 정동을 돌아보면서 여러분은 어떤 마음이 들었나요? 아무래도 안타깝게 느껴지는 곳들이 많았을 거예요. 오래 되지 않은 역사의 현장, 그 아픔의 흔적이 더 진하게 느껴졌을 테니까요. 그래서 다리가 아픈 것도 잊고 이곳까지 걸어왔겠지요.

지난 시절 무심코 덕수궁 돌담길을 걸었다면 이제는 역사의 교훈을 되새기며 천천히 걸어 보세요. 돌담에 서려 있는 가슴 벅찬 역사의 장면들을 하나씩 떠올려 보면서 말이에요.

나는 덕수궁과 정동 박사!

이제 덕수궁과 정동에 대해 얼마나 많이 알고 있는지 확인해 볼까요. 다음 문제들을 풀면서 덕수궁과 정동에 대한 생각과 느낌을 함께 정리해 보세요.

① 현판의 글씨를 읽고 한글로 써 보세요.

다음은 여러분이 둘러보았던 덕수궁에 있는 건물의 현판들이에요. 건물의 현판에 적힌 한자를 읽고 한자의 음을 써 보세요. 한자는 오른쪽에서 왼쪽으로 읽어야 해요.

알맞은 것끼리 연결해 보세요.

덕수궁에는 여러 가지 유물이 남아 있어요. 다음 사진과 설명을 잘 읽어보고 알맞게 연결해 보세요.

정
한자로는 '鼎(솥 정)'이라고 써요. 고대 중국에서 들어온 것으로 백성들을 편안하게 하고 하늘에 복을 비는 뜻을 담고 있기도 하지요.

흥천사 종
흥천사가 불타면서 경복궁 광화문으로 옮겼다가 창경궁을 거쳐 지금 덕수궁에 보관되어 있어요.

이화장
이화는 다섯 장의 꽃잎을 가진 오얏꽃으로 대한 제국 황실을 나타내는 문양이에요.

하마비
타고 가던 말에서 내리라는 뜻을 새긴 비석이에요. 묘지 입구나 궁궐의 문 앞에 세워 두었지요. 덕수궁에도 하마비가 있는데, 원래는 대한문 밖에 있었으나 지금은 금천교 입구에 있어요.

신기전 기화차
조선 초기의 로켓 병기인 중·소신기전의 발사장치로 오늘날의 로켓과 같아요.

대한 제국 역사 연표 만들기

연표는 옛날에 있었던 일들을 일어난 순서에 따라 표로 정리한 것이에요. 연표를 보면 옛날부터 오늘날까지 일어난 중요한 일들을 그 일이 일어난 해에 따라 쉽게 알아볼 수 있어요. 덕수궁과 정동 일대를 둘러본 다음 대한 제국 역사 연표를 만들어 보아요.

제목 붙이기
어떤 연표를 만들 것인지 정해서 알맞은 제목을 붙여요. '그림으로 보는 근대사 연표'라든가, 문화재 연표, 석탑 연표 등도 좋은 제목이에요.

연표의 틀 정하기
가로 틀의 연표에서는 왼쪽이 오래 된 연대이고, 세로 틀의 연표에서는 위쪽이 오래 된 연대예요. 세로 틀의 연표는 역사적 사건을 더 자세하게 기록할 수 있지요.

연도 표시하기
역사적 사건이 일어난 순서대로 사건을 써 넣어요. 정확한 연도를 알면 사건 옆에 (   )를 만들어 그 안에 정확한 연도를 쓰세요. 사건이 일어난 장소를 쓰는 것도 빠뜨리면 안 돼요.

주요 사항 기록하기
주요 사항은 제목처럼 간결하게 정해요. 예를 들어 '고종 황제가 원구단을 건립했다.'는 내용은 '원구단 건립'으로 간단하게 줄여요. 자세한 내용은 사건을 기록할 때 쓰세요.

사건 기록하기
사건과 사건의 원인, 전개 과정, 결과 등을 잘 정리하여 써 넣어요. 처음에는 힘들지만 이런 습관을 들이면 역사적 사건이 서로 연관되어 있음을 알 수 있어요.

사진찾기
체험학습을 하면서 찍은 사진을 연표에 붙여 넣으면 한눈에 알아보기 좋고, 기억에도 오래 남아요. 관련 사진이 없다면 인터넷이나 자료 책자에서 찾아 오려 붙여도 됩니다.

1. 제목부터 먼저 정리해요

제목만 보고도 어떤 내용의 연표인지 알 수 있도록 정해요. '덕수궁 문화재 연표' '덕수궁 유물 연표', '정동 문화재 연표' 등으로 만들면 좋겠지요.

대한 제국 연표는 대한 제국이 선포된 해부터 대한 제국이 망한 해까지의 기록이랍니다. 그 안에 일어난 역사적 사건을 큰 흐름으로 잡은 다음 정리해요.

2. 역사적 사건을 순서대로 써 넣어요

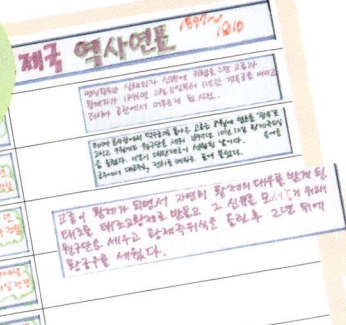

3. 내용을 써 넣어요

제목과 역사적 사건이 일어난 순서대로 연표를 구성했다면 이제 사건을 하나하나 자세하게 기록해요. 사건을 기록할 때에는 육하원칙에 맞게 써요.

4. 사진을 붙여요

체험학습을 하면서 찍은 사진이나 책에서 오려 낸 사진을 연표에 붙이세요. 훨씬 생동감 있는 연표가 될 거예요.

5. 완성

완성한 다음에는 틀린 글자가 없는지, 순서대로 잘 정리되었는지 확인하는 것도 잊지 마세요. 참, 학년과 이름, 체험학습 다녀 온 날짜도 꼭 써 넣어야지요.

격동의 개화기 현장 속으로,

운현궁

　운현궁은 고종이 태어나고 어린 시절을 보낸 곳이에요. 고종이 왕이 된 뒤에는 흥선 대원군이 머물면서 조선의 정치를 주도하던 곳이기도 하지요. 운현궁은 조선의 다른 궁과 비교하면 이름도 덜 알려졌고, 크기도 작은 곳이에요. 하지만 조선 후기의 특별한 건축 양식을 살펴볼 수 있는 곳이랍니다. 또한 그 속에 고종과 명성 황후, 흥선 대원군의 파란만장한 이야기가 숨겨져 있는 곳이기도 하답니다.
　자, 준비되었나요? 조선 후기 역사의 한가운데에 있던 운현궁으로 다함께 떠나 볼까요?

미리 알아 두세요

관람 시간
4~10월 09:00~19:00(18:30까지 입장)
11~3월 09:00~18:00(17:30까지 입장)
관람료 무료
문의 02)766-9090
주소 서울 종로구 삼일대로 464
홈페이지 www.unhyungung.com

가는 방법

지하철 3호선 안국역 4번 출구로 나가서, 곧장 50미터 정도 걸어가면 돼요. 운현궁에는 주차장이 따로 없기 때문에 승용차를 이용할 경우 낙원 상가 쪽에 있는 유료 주차장을 이용해야 해요.

흥선 대원군과 개화기의 역사

조선 후기 영조와 정조가 나라를 다스리던 시대에는 백성과 나라를 위한 여러 가지 개혁 정치가 이루어졌어요. 정조에 이어 나이가 어리거나 힘이 약한 순조, 헌종, 철종이 왕위에 오르는 동안, 권력을 잡은 정치가들은 백성보다는 자신의 이익을 위해 나랏일을 했어요.

이런 상황에서 열두 살의 어린 고종이 왕위에 올랐어요. 아버지 흥선 대원군은 고종을 대신해서 정치를 주도했어요. 흥선 대원군은 지난날을 주름잡던 세력가들을 몰아내고 새로운 인재를 등용했지요. 또 백성들의 생활을 안정시키기 위해 노력했어요. 하지만 호시탐탐 조선을 노리는 외국에는 문을 닫고 교류를 하지 않았어요.

그러나 고종과 명성 황후가 정치를 이끌면서부터는 태도가 달라졌어요. 외국을 배척하기보다 교류를 통해 문호를 개방해야 한다는 목소리가 높아졌어요. 그래서 고종은 청나라, 일본, 미국에 인재를 파견하여 새로운 기술과 문물도 배워 오게 했어요. 이에 대해 보수적인 유학자들은 외국의 문물이 나라를

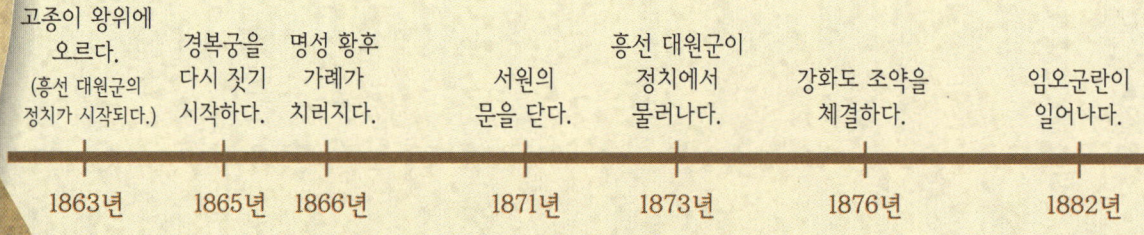

고종이 왕위에 오르다. (흥선 대원군의 정치가 시작되다.)	경복궁을 다시 짓기 시작하다.	명성 황후 가례가 치러지다.	서원의 문을 닫다.	흥선 대원군이 정치에서 물러나다.	강화도 조약을 체결하다.	임오군란이 일어나다.
1863년	1865년	1866년	1871년	1873년	1876년	1882년

망하게 한다며 외국과의 교류를 반대했지요. 시간이 흐르면서 교류를 반대하는 척사파와 교류를 주장하는 개화파 간의 갈등이 점점 심해졌어요.

이런 가운데 농민들 사이에서는 평등을 주장하는 동학 사상이 퍼져나갔어요. 고부 민란을 시작으로 전국 각지에서 동학도와 농민들이 들고일어났어요. 그중 전봉준이 이끄는 농민군은 남부 지방을 장악했지만 결국 실패로 끝나고 말지요. 이를 계기로 정부는 갑오개혁을 추진했어요. 비록 일본의 간섭 아래 추진된 것이었지만 법적으로 신분 제도를 폐지하고 재판소를 새로 만드는 등 근대적인 개혁이 이루어졌답니다.

한편, 이 무렵 조선을 둘러싸고 일어난 청일 전쟁에서 일본이 승리하면서 조선에 대한 일본의 영향력이 커지게 됐어요. 고종과 명성 황후는 러시아와 손을 잡고 일본을 누르려고 했지요. 그러자 일본이 명성 황후를 살해했고, 위기를 느낀 고종은 러시아 공사관으로 잠시 피해 있었지요. 그 사이 일본 세력이 주춤해지고 점차 러시아의 영향력이 커졌어요.

이렇게 개화기의 조선은 안팎으로 정치적 혼란을 겪으며 역사의 한 고비를 넘기고 있었어요.

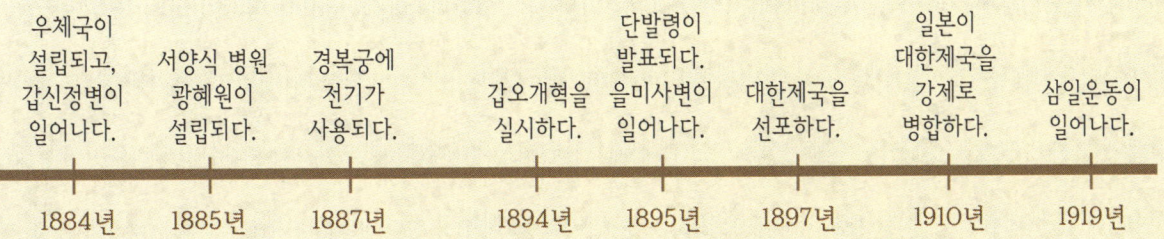

흥선 대원군의 집, 운현궁

고종이 왕이 되기 전, 조선의 상황은 안팎으로 힘든 시기였어요. 바로 이러한 때에 고종이 새로 왕위에 올랐고, 그 뒤에서 정치를 돌본이가 바로 흥선 대원군 이에요.

운현궁은 '고종의 잠저(어릴 때 살던 집을 일컫는 말)'로 알려진 곳이에요. 고종이 열두 살에 왕이 된 뒤 옛 집을 헐고 새로 지었지요. 운현궁이라는 이름도 그때 붙여졌어요. 이곳에서는 고종의 아버지인 흥선 대원군이 살며 나랏일을 살폈어요.

운현궁은 보통 사대부의 집과는 다른 양식을 여기 저기에서 볼 수 있어요. 그러면 운현궁을 둘러보면서 건물의 특징은 무엇인지, 흥선 대원군은 어떤 사람이었고, 어떤 정치를 펼쳤는지 알아보아요.

이곳이 바로 흥선 대원군의 집이야. 바로 고종이 어릴 때 살았던 곳이지!

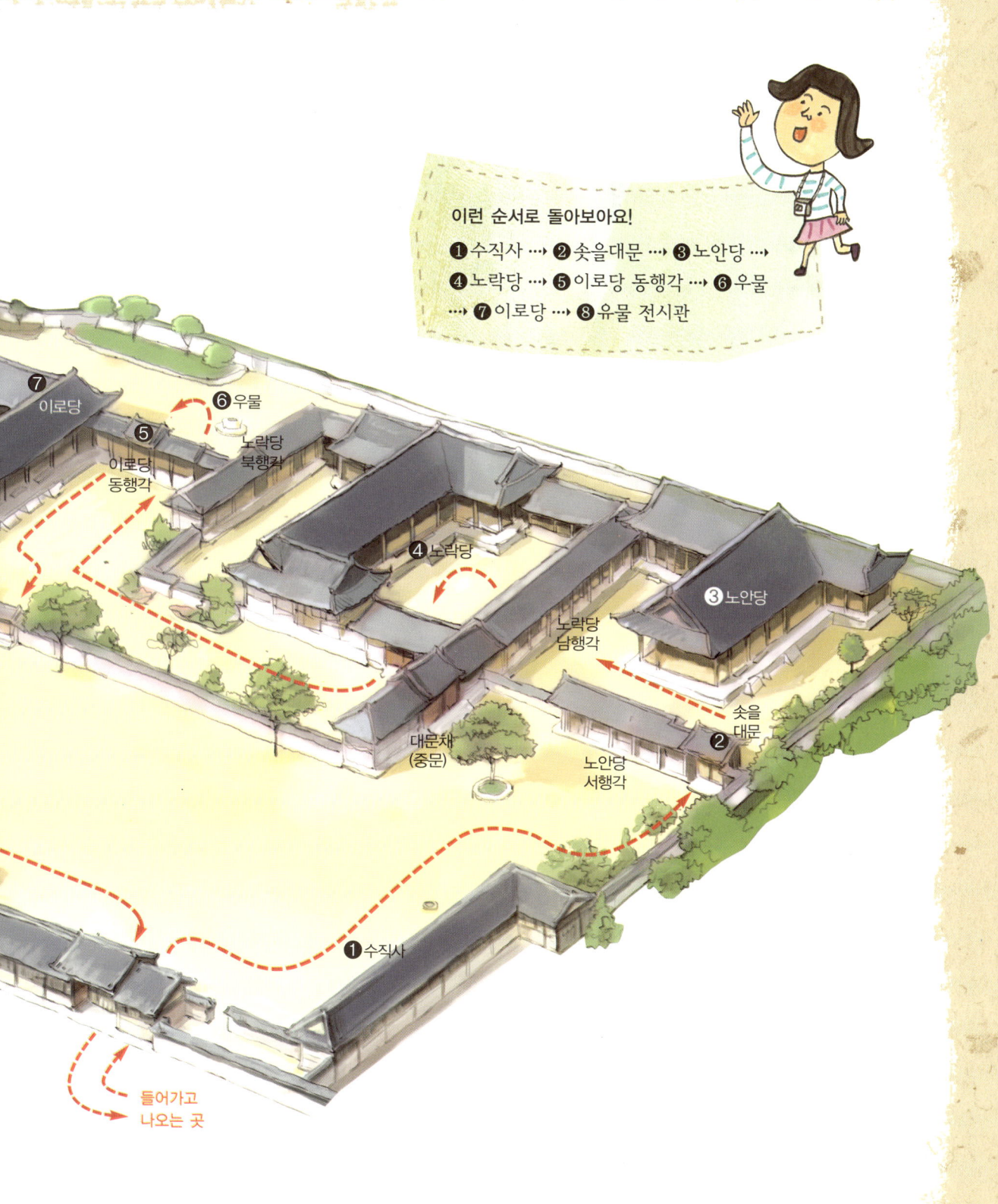

왕의 아버지가 살던 곳, 운현궁

500년 조선 왕조의 수도였던 서울에는 경복궁, 창덕궁, 창경궁, 덕수궁, 경희궁이 있지요. 이 궁들은 모두 왕이 살면서 정치를 돌보던 곳으로, 조선의 5대 궁궐이라고 하지요. 운현궁은 이 5대 궁에는 포함되지 않아요. 그런데 왜 궁이라고 불릴까요?

운현궁은 조선의 26대 왕인 고종이 어릴 때 태어나서 살던 곳이랍니다. 왕이 어릴 때 살던 집을 '잠저'라고 하는데 고종이 왕이 되기 전 12살 때까지 이곳에 살았답니다. 그리고 고종의 아버지인 흥선 대원군이 살던 곳이지요.

고종은 선대왕 철종의 아들이 아니었답니다. 철종에게는 여러 자식이 있었지만, 모두 죽고 딸 하나만 살아남았어요.

대원군
임금이 대를 이을 자손이 없어 종친 중 누군가 왕위를 물려받았을 때 그 아버지를 높여부르던 이름이에요. 선조와 철종의 아버지는 대원군이라 불렀답니다. 하지만 살아서 대원군 칭호를 받은 사람은 흥선대원군 뿐이었어요.

철종이 승하한 뒤 대를 이을 아들이 없었어요. 그래서 12살 이명복이라는 소년이 왕으로 선택되어 고종이 된 것이랍니다. 그리고 고종의 아버지 이하응은 흥선 대원군이라고 불리게 된 거죠. 철종과 흥선 대원군은 모두 사도세자의 증손주랍니다.

고종이 왕으로 선택되고 나서, 당시 왕실의 최고 어른이었던 **조대비**가 돈을 내려 주어서 고종이 태어난 집을 크게 지었답니다. 그리고 운현궁이라는 이름도 생겼지요. 그 부근의 운현(구름고개)에서 이름이 유래되었다고 하는데, 한자로 구름 '운(雲)'과 고개 '현(峴)'을 써서 '구름 너머 고개에 있는 궁'이라는 뜻이 있어요. 또 그 주변에 서운관이라는 기상관측소의 이름에서 유래되었다고도 해요. 물론 그 당시는 지금보다 훨씬 넓은 규모였어요. 일제 강점기를 거치면서 규모가 줄어들었는데, 1991년에 서울시에서 다시 보수를 하여 지금에 이른 것이랍니다.

흥선 대원군 초상화
(서울역사박물관 소장)

📖 **조대비**
순조의 아들이자 헌종의 아버지인 효명 세자의 오라비였어요. 효명 세자가 왕이 되지 못하고 죽는 바람에 조씨 집안은 안동 김씨에 비해 힘을 얻지 못했답니다.

고종의 가계도

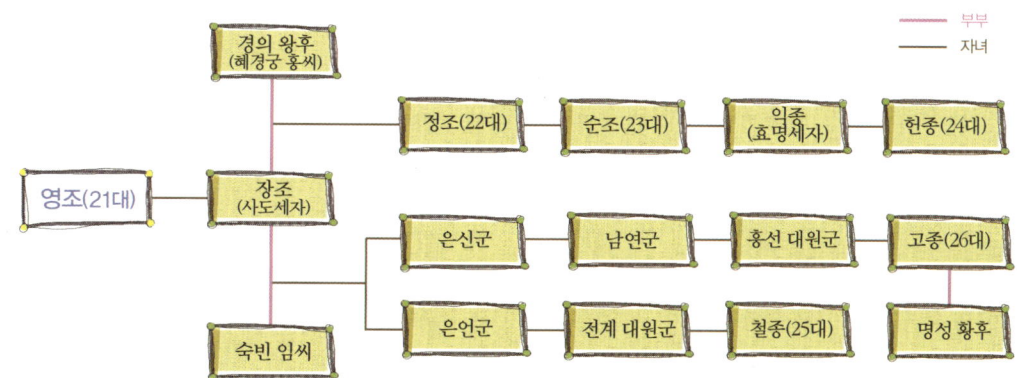

흥선 대원군의 권력이 있는 곳, 수직사와 솟을대문

운현궁은 왕의 아버지가 살던 집이기에 보통 한옥과는 다른 점이 있어요. 자 들어가 볼까요?

수직사는 운현궁의 경호원들이 있던 곳이랍니다. 지금은 운현궁의 관리 사무실로 쓰고 있지만 흥선 대원군을 만나기 위해서는 반드시 수직사를 거쳐야 했어요. 당시의 운현궁은 지금과 달리 넓은 곳이었고, 궁에서 파견한 관리까지 있었지요. 이 관리들은 대원군의 최측근들이었는데 당시에는 이 사람들을 '천하장안'이라고 불렀답니다. 이제 대원군을 만나러 노안당으로 가 볼까요? 수직사에서 정면에 보이는 솟을대문을 지나면 노안당이 있답니다.

수직사
운현궁의 경호원들이 있던 곳이지요. 건물 안을 들여다보면 당시 경호를 섰던 포졸들의 모형이 서 있답니다. 경호원을 둘 만큼 당시 흥선 대원군의 권력이 막강했음을 알 수 있지요.

그 전에 문 앞에 있는 네모난 돌에 대해 알아보아요. 이 돌의 이름은 노둣돌, 한자로는 하마석이라고 해요. 가마를 타고 내릴 때 발을 디딜 수 있는 돌이에요. 우리가 보통 가마라고 하면 보통 4명이 앞뒤로 들어주는 가마를 떠올리지요. 그런데 조선 시대에 정2품 이상의 높은 관리들은 '초헌'이라고 부르는 바퀴 달린 가마를 타고 다녔답니다. 바퀴가 달려 있으니 가마가 높게 만들어져서 이런 받침돌이 필요했답니다.

가마에 내려서 노안당 안으로 들어 갈 때는 높은 문을 통과합니다. 이렇게 담장보다 훨씬 높게 만든 대문을 솟을대문이라고 하는데, 역시 정2품 이상의 높은 양반들의 집에만 만들 수 있었지요. 왼편에 보이는 노락당과 통하는 중문과 비교해 보면, 솟을대문이 특별한 문이라는 것을 잘 알 수 있을 거예요.

빗장이 밖에 달린 솟을대문

노안당으로 통하는 솟을대문의 보수 공사를 하기 전에는 문의 안과 밖이 거꾸로 되어 있었어요. 즉 빗장을 밖에서 걸도록 되어 있었다는 거지요. 무슨 이유인지 여러 모로 생각해 보았지만 아직까지 확실한 결론을 못 내렸어요. 아마도 정치적 변화 속에서 힘이 약해진 흥선 대원군을 감시하기 위한 의도가 아닐까 추측한답니다.

노안당으로 들어가는 솟을대문

노둣돌(하마석)

이렇게 이용했어요.

노인을 편안하게 하는 집, 노안당

숫을대문을 들어가면 제일 먼저 보이는 건물이 노안당이에요. '노안당'은 '노인을 편안하게 하는 집'이라는 의미로 《논어》에 있는 말이에요. 아들이 왕이 되어, 큰 권세를 누릴 수 있게 된 대원군의 편안한 노후를 기대하면서 지은 이름이겠지요.

그런데 노안당에 걸려 있는 현판을 잘 보세요. 다른 궁궐에서 본 것과 비교하면 독특한 글씨체 아닌가요? 바로 추사체로 유명한 추사 김정희의 글씨랍니다. 김정희가 직접 쓴 글씨는 아니에요, 다른 곳에 있는 글자를 옮겨서 모아 놓은 것이에요. 이것을 '집자'라고 해요. 김정희는 대원군의 스승이었

김정희
조선 후기의 실학자이자 서화가예요. 실사구시를 주장했고, 추사체를 완성했어요. 〈묵죽도〉, 〈묵란도〉, 〈세한도〉 등의 그림과 《완당집》, 《금석과안록》 등의 글을 남겼어요.

노안당

노안당 현판

답니다. 운현궁 안의 '무량수각'이라는 현판도 추사의 글씨를 따온 것이랍니다.

　노안당 안에는 당시 사람들 모형이 있는데, 전부 남자들이에요. 노안당이 운현궁의 **사랑채**이기 때문이지요. 옛날에는 남녀가 유별했기 때문에 남자들의 공간과 여자들의 공간이 달랐답니다. 대원군은 주로 노안당에 머물렀는데 당시에는 이곳이 조선 정치의 핵심 공간이었답니다. 보통 양반집의 사랑채가 아랫방 윗방 두 칸인데 비해 노안당의 사랑방은 세 칸이에요. 왕의 아버지가 살던 곳이니 규모를 달리 한 것이지요.

📚 **사랑채**
집안의 남자 어른이 주로 머물던 곳이에요.

　자 이제 노안당 내부를 살펴볼까요? 문 바로 앞에 뭔가 길게 내려와 있는 것이 있어요. 한옥에 많이 가 본 어린이라면 이게 뭔지 금방 알 수 있을 거예요. '등자쇠'라는 것인데, 더운 여름에 방문을 접어 올려서 걸어 놓을 수 있는 장치예요. 여름에 운현궁에 간다면, 문이 등자쇠 위에 올려져 있는 모습을 볼 수 있을 거예요. 또 방 안에도 등자쇠가 있는데 방의 칸막이 역할을 하는 문짝을 올려놓을 수 있답니다. 이렇게 하면 두 칸인 방이 한 칸이 되기도 해서 방의 크기를 자유롭게 바꿀 수 있었답니다.

등자쇠

　노안당에는 운현궁에서만 볼 수 있는 귀한 유적이 있답니다. 바로 노안당의 처마 끝에 달린 보첨이에요. 처마를 보충한다는 뜻으로 처마의 길이를 조절해서 햇빛을 조절하는 장치에요. 여름에는 길게 빼서 햇빛을

보첨

203

가리고, 겨울에는 짧게 해서 빛을 많이 받을 수 있게 만들어 놓았어요.

이번에는 노안당에 올라서서 앞쪽을 바라 볼까요? 세 개의 기단을 올라가야 해요. 이렇게 기단을 높게 만들고 집을 짓는 이유가 뭘까요? 우선 비가 많이 오는 여름철 홍수에 대비하기 위해서예요. 또, 이렇게 기단을 만들면, 태양빛이 마당에 반사되어 들어오기 때문에 여름에 시원하고 겨울에는 보온이 되어서 따뜻하기 때문이지요.

이번에는 기단 위로 올라가 보세요. 담장 너머가 훤히 보일 거예요. 담장의 막새 기와를 자세히 살펴보면 동물 무늬가 있어요. 이 무늬는 박쥐 모양을 새겨 놓은 것인데 이 무늬도 주로 궁궐 기와에서만 볼 수 있는 문양이랍니다. 박쥐 문양을 새긴 데에는 여러 가지 이유가 있어요. 박쥐를 뜻하는 한자어인 '蝠(복)'자는 복을 뜻하는 '福(복)'자와 소리가 같답니다. 그래서 중국에서는 박쥐가 행운을 주는 동물로 알려져 있어요. 그리고 기와가 매달려 있는 모습이 박쥐와 비슷해 보이기도 하고요. 또 박쥐는 밤에 활동하는 동물이기 때문에 밤을 잘 지켜 달라는 의미도 들어 있지요.

노안당 오른 편에는 방도 한 칸씩밖에 없고, 기단도 얕고 칠도 하지 않은 건물이 있어요. 이 곳에서는 누가 살고 있었을까요? 바로 운현궁의 하인들이 살던 곳이랍니다. 행랑채라고 불리던 곳이에요.

기단

막새기와
수막새와 암막새가 제대로 만들어져 있어요. 보통 한옥에는 막새 기와를 쓰지 않는답니다.

주인보다 낮은 위치에서 늘 기다리고 있다가 부르면 곧바로 달려가야 했답니다.

흥선 대원군이 전성기를 누리던 시절에는 운현궁에 100명이 넘는 사람이 살았다고 하니 당시 흥선 대원군의 권세를 충분히 짐작할 수 있지요. 지금은 안에 당시 관복을 입은 모형들을 전시해 놓았어요.

등용문의 전래

노락당에서 밖으로 나와 있는 중문은 등용문이라고도 해요. 흥선 대원군은 아들이 왕이 되기 전에는 여기저기 돌아다니면서 술을 얻어 먹고 망나니 짓을 했다고 해요. 그러던 어느날, 흥선 대원군이 주막에서 지나치게 소란을 피우다가 포졸에게 뺨을 맞은 사건이 있었어요. 흥선군이 대원군이 된 후 그 포졸을 찾아 "임금의 아버지인 나를 아직도 때릴 수 있느냐"고 물었지요. 그때 포졸은 "예전처럼 행동하면 그렇다."고 했답니다. 그러한 포졸의 배포를 높이 사서, 대원군을 그를 근위대장으로 삼았대요. 그리고는 "근위대장 나가신다. 중문으로 모셔라!" 했답니다. 이후 이 중문은 관직을 얻는 것을 뜻하는 등용문이 되었다고 해요.

행랑채
노안당에서 내려다보면 낮게 보이는 건물이 있어요.
이곳은 운현궁의 하인들이 살던 행랑채랍니다. 하인들의 방은 노안당을 우러러 보는 곳에 자리해 있었어요.

운현궁의 안채, 노락당

노락당에는 상궁 모형도 있고, 부대부인(대원군의 부인에게 주는 칭호) 민씨의 모형도 있어요. 한 편에는 옛 부엌을 재현해 놓았어요. 행랑채에는 다듬질 도구, 화로, 반짇고리, 뒤주 등이 전시되어 있어요. 자, 그럼 이 곳은 누구를 위한 공간일까요? 운현궁의 안채로 노안당과 같은 사랑채가 남자들의 공간이라면, 안채는 여자들의 공간이지요. 그러니까 이곳은 부대부인 민씨가 머물면서 안살림을 챙기던 곳이에요.

노락당에서는 창을 유심히 살펴보세요. 창호지의 위아래는 두껍게 붙였지만 가

노락당

운데는 얇게 발라서 빛이 들어오도록 했어요. 이런 창호를 '불발기'라고 하지요.

노락당의 특별한 건축 양식

고종이 운현궁을 방문하면 노락당에서 머물렀기 때문에 노락당을 특별하게 꾸며 놓았답니다. 지금은 대부분 지워져서 희미하지만 노락당의 대들보에는 용이 그려져 있어요. 뿐만 아니라 노안당의 처마는 서까래만 건 홑처마인데, 노락당은 **부연**까지 단 겹처마예요. 또 기둥은 **공포**가 있는 '초익공 양식'이랍니다. 보통의 한옥에는 공포를 만들지 않아요. 단청만 칠하지 않았을 뿐 궁궐과 같은 구조랍니다.

이로당과 노락당 사이를 연결하는 남행각은 복도로 연결되어 있어요. 이것 역시 일반 한옥에서는 볼 수 없는 궁궐에서만 볼 수 있는 건축 양식이랍니다.

부대부인 모형

상궁 모형

🏠 **부연**
처마 서까래의 끝에 덧대어 얹는 네모지고 짧은 서까래예요. 처마 끝을 위로 들어 올려 모양이 나게 하지요.

🏠 **공포**
처마 끝의 무게를 받치기 위해 기둥머리에 짜 맞추어 댄 나무쪽이에요.

겹처마

노락당의 부엌

왕비는 힘없는 집안에서!

노락당을 운현궁의 중심 건물이라고 하는 데에는 또 하나의 이유가 있답니다. 바로 고종과 명성황후의 가례가 열린 장소이기 때문이에요. 15세의 고종이, 왕이 된 지 3년 만인 1866년에 흥선 대원군은 아들 고종의 가례를 준비했어요. 선왕인 철종의 복상 기간도 끝났고, 대를 잇기 위해 왕비를 들여야 할 때가 되었거든요. 그 동안 외척들의 세도 정치를 경험한 흥선 대원군은 왕비는 힘이 없는 집안에서 나와야 한다고 생각했어요. 그래서 아버지 없이 어머니와 살고 있던 여흥 민씨 집안의 딸을 왕비로 간택한 거였어요. 바로 이 사람이 뒷날 흥선 대원군과 정치적으로 대립하게 되는 명성 황후랍니다. 민자영은 흥선 대원군의 부인이자 고종의 어머니인 부대부인 민씨의 먼 친척뻘이었어요. 사실 이때 흥선 대원군은 안동 김씨 일가와 미리 혼인 약

📖 **가례**
왕의 결혼이나 즉위, 또는 왕세자와 왕세손 등의 결혼이나 책봉 따위의 예식을 말해요.

📖 **복상**
상중에 상복을 입는 것을 말해요.

세도 정치
왕실의 근친이나 신하가 강력한 권세를 잡고 온갖 나랏일을 마음대로 하는 것을 말해요. 조선 정조 때 홍국영에서 시작되어 순조, 헌종, 철종의 3대 60여 년 동안 왕의 외척인 안동 김씨, 풍양 조씨 가문에 의하여 이루어졌어요.

명성 황후 가례 재현 행사
명성 황후 가례는 1866년에 거행되었어요. 이때 치러진 절차는 역대 어느 왕들의 가례보다 호화롭고 다채롭게 진행되었답니다. 매년 운현궁에서는 명성 황후 가례를 재현하고 있어요.

속을 해 놓은 상태였어요.

미리 점찍어 둔 왕비감이 있었기 때문에 새 왕비의 간택 절차는 형식적으로 진행됐어요. 《고종실록》에 따르면 1866년 2월 5일 첫 간택이 치러지고 29일에 두 번째 간택은 3월 6일에 마지막 간택을 거쳐 16세의 민자영이 선택되었어요. 왕비가 된 뒤 민자영은 운현궁의 노락당에서 머물며, 궁중 예절과 풍습을 익혔지요. 그러고 나서 운현궁에서 가례를 치르고 정식 왕비가 되었답니다.

명성 황후는 왕비로 간택된 뒤 이곳에서 예절 수업을 받고 고종과 가례를 올렸지요. 당시 이 가례를 위해 운현궁에는 1,641명의 수행원과 700필의 말이 동원되었다고 해요.

노락당 내부에 걸려 있는 '노락당기'에는 "노락당과 하늘과의 거리가, 한 자 다섯치밖에 안 된다."는 내용이 있답니다. 다소 과장된 것이기는 하겠지만, 노락당의 크기와 화려함을 보여 주는 글이지요. 지금도 운현궁에서는 매년 4월과 10월에 고종과 명성황후의 가례를 재현하고 있어요. 이 행사의 왕과 왕비는 전주 이씨와 여흥 민씨 종친회에서 당시 고종과 명성 황후의 나이와 똑같이 15살 된 남자아이와 16살 된 여자아이들을 뽑아서 치른답니다. 그리고 평소에도 노락당에서 전통 혼례를 치르는 신랑 신부의 모습도 볼 수 있답니다.

> **왕후? 황후?**
>
> 왕의 부인을 왕비 또는 왕후라고 해요. 우리가 알고 있는 인현 왕후는 숙종의 부인이에요. 그런데 왜 명성 황후는 왕후가 아니라 황후라고 할까요? 고종은 1897년 외세의 간섭에서 벗어나 자주적인 나라를 만들기 위해 나라 이름을 '대한 제국'으로 바꾸고 황제가 되었어요. 이에 따라 명성 왕후도 황후라고 불리게 되었답니다.

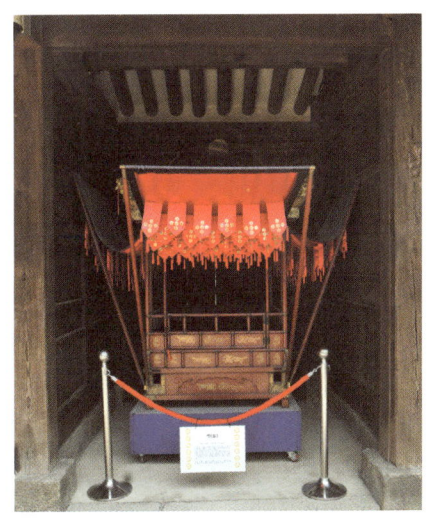

연
임금이 이동할 때 타고 다니는 가마를 재현한 모형이에요. 노락당에서 이로당으로 가는 길에 있어요.

양가집 규수에서 왕비가 되기까지

 조선의 왕세자들은 보통 열 살이 넘으면 세자빈을 맞아들일 준비를 했어요. 왕세자가 배우자를 맞이해야 할 나이가 되면 국가 기관인 예조에서는 우선 전국의 사대부 가문 처녀들에게 결혼을 금지한다는 금혼령을 내리지요. 그러고는 사대부 가문 처녀들의 사주와 함께 아버지, 외할아버지, 친할아버지의 경력이 적혀 있는 처녀 단자를 걷어 들였답니다.

 이렇게 처녀 단자가 모아지면 세 차례의 간택 절차를 거쳐요. 후보자는 30명 안팎이었어요. 간택 신청이 마감되면 혼례를 준비하는 임시 기구인 가례청이 설치되고, 가례의 준비와 절차가 본격적으로 시작되었어요. 한편, 딸이 후보로 뽑힌 집안에서는 간택에 참가하려고 새 옷을 맞추고, 궁궐에 타고 갈 가마도 직접 마련해야 했어요.

 간택을 할 때 기준은 가문뿐만 아니라 부덕과 미모도 포함되었어요. 또, "무슨 꽃이 가장 아름다운가?" "지붕의 기와가 모두 몇 줄인가?" 하는 것과 같은 지식과 지혜를 겨루는 질문도 했답니다. 하지만 무엇보다도 중요한 건 사주*였지요. 집안이 아무리 좋아도 사주가 좋지 않으면 왕비가 될 수 없었어요.

금혼령을 내려요.   처녀 단자를 모아요.   간택을 치르기 위해 궁으로 들어가지요.

간택 절차는 세 차례까지 이어졌어요. 첫 번째 간택에서 30여 명을 선발하고 두 번째 간택에서 다시 5~7명을 고르고, 마지막 간택에서 3명을 뽑았어요. 최종 단계까지 오른 세 명의 후보 중에 한 명이 세자빈이 되고, 나머지 두 사람은 평생 혼자 살거나 왕의 후궁이 되어야 했답니다.

왕실의 법도를 모두 익힌 뒤에 가례를 치르면 왕비가 된답니다.

마지막으로 선택된 후보자는 세자빈이 되지요. 때로는 왕비인 경우도 있었지요. 그리고 혼례를 치르기 전에 별궁에서 왕실의 법도를 배우고 난 뒤 가례를 치렀어요.

자기 가문에서 왕비가 나오는 것은 사대부 가문의 더없는 영광이었어요. 그렇다면 모든 집안에서 왕비를 두는 것을 기쁘게 받아들였을까요? 꼭 그렇지만은 않았답니다. 왕비가 되면 가문을 빛내고 권세를 누릴 수 있었지만 정치적 사건에 휘말려서 도리어 가문이 몰락할 우려가 있었거든요. 따라서 처녀 단자는 왕실에서 중매쟁이나 점쟁이들을 닦달해서 거두어 들이는 경우도 많았답니다.

* 사주 : 사람이 태어난 년도, 월, 일 시의 네 간지를 뜻하거나 이를 근거로 사람의 길흉화복을 알아보는 점을 말해요.

세 차례의 간택 절차를 거치면 마지막으로 세 명의 후보자가 남아요.

최종 후보자 중 한 명이 왕비로 선택되면 왕실의 법도를 익혀야 해요.

두 노인을 위한 집, 이로당

운하연지

이로당은 '두 노인을 위한 집'이라는 의미예요. 노락당에서 가례가 치러진 뒤 이곳을 안채로 사용했지요. 이로당은 노안당이나 노락당과는 달리 사방이 막혀 있고, 건물 한가운데에 뜰이 있어요. 정말 남자들이 함부로 들어가기 어려운 구조예요. 이곳은 노안당과 마찬가지로 기단을 3단으로 만들었어요.

왼쪽에 있는 운하연지는 물을 담아 놓는 곳인데 여러 가지 용도로 쓰였어요. 흥선

이로당
노안당이나 노락당과는 달리 건물이 네모꼴이며 안쪽 한가운데 뜰이 있어요.

대원군이 붓글씨를 쓰기 위해 먹을 갈 때 이곳의 물을 떠다가 쓰기도 했고 물풀을 띄워 놓아 감상하기도 했지요. 또 궁궐의 '드므'처럼 화재에 대비한 소화기의 역할도 했답니다. 오른편의 일영대는 해시계를 올려놓던 곳이에요.

이로당의 굴뚝

이번에는 이로당으로 들어가 가운데 마당을 볼까요? 마당 한가운데 벽돌을 쌓아 올려 만든 것은 굴뚝이랍니다. 보기 좋으라는 이유도 있고, 또 화재의 위험도 있고 해서 옛날 굴뚝은 이렇게 건물과 떨어져 있는 경우가 많았어요.

자, 이제 이로당 왼편에 붙어있는 행각으로 가 볼까요? 이렇게 고개를 숙여야 하는 낮은 문은 보통 하인들이 다녔다고 해요. 하지만 때로는 대원군이 부대부인을 만

동행각 왼쪽에 있는 낮은 문

무승대
흥선 대원군이 좋아하던 난을 올려놓던 곳이에요. 낮에는 대청마루에, 밤에는 무승대에 난을 올려놓았지요. 흥선 대원군은 난을 좋아했을 뿐 아니라 난 그리는 솜씨도 뛰어났답니다.

경송비
고종이 어릴 때 오르내리며 놀던 소나무를 기리는 비석이에요. 고종은 왕이 된 뒤에 어릴 적 동무인 소나무에게 정2품의 벼슬을 내렸답니다. 유물 전시관에 가면 모형이 있답니다.

나기 위해 다니던 문이기도 했답니다. 이 문은 특이하게 네 짝으로 만들어져서 두 짝씩 접히는 문이에요. 이 문으로 나가면 이로당의 뒤뜰이 펼쳐진답니다. 한적한 뒤뜰에는 운현궁의 유적들이 몇 가지 있답니다. 운현궁을 정비하면서 곳곳에 있던 유적들을 이곳에 모아 놓았지요.

경송비는 고종이 어릴 때 오르내리며 놀던 소나무를 기념하기 위한 비석이에요. 고종은 왕이 된 뒤 어릴 적 동무인 소나무에게 정2품의 벼슬을 내려 주었답니다. 이 소나무의 모형은 유물 전시관에 있답니다. 무승대는 흥선 대원군이 좋아하던 난을 올려놓던 곳이에요. 낮에는 대청 마루 위에, 밤에는 무승대에 난을 올려놓았지요. 흥선 대원군은 난을 좋아할 뿐만 아니라 난을 그리는 솜씨도 뛰어났어요. 임오군란 이후 청군에게 납치되어서 청나라에 머물 때, 난 그림을 팔아서 생활비에 보탰다고도 하니 그 솜씨가 짐작이 가지요? 대원군의 호인 '석파'는 '돌을 깨고 나오

> **임오군란**
>
> 조선 고종 때인 1882년 구식 군대의 군인들은 신식 군대인 별기군과의 차별 대우와 밀린 월급에 불만을 품고 군제 개혁에 반대하며 난을 일으켰어요. 이를 계기로 흥선 대원군은 다시 정권을 잡게 되었고, 여러 가지 개혁을 단행하면서 사태를 수습하고자 했어요. 하지만 결국 실패하고 말았고, 흥선 대원군은 청나라로 끌려갔지요. 그리고 조정은 일본과 제물포 조약을 맺게 되었어요.

는 난'이라는 뜻인데, 특히 바위에 붙은 난 그림을 잘 그렸다고 해요. 또 무승대 왼쪽에는 얼음 창고인 석빙고가 있고, 운현궁의 살림에 필요한 물을 긷던 우물도 그대로 남아 있어요. 주변에 큰 건물이 들어선 뒤 이 우물이 말라버렸다고 해요.

이번에는 이로당 뒤에 난 창틀을 살펴보세요. 쇠붙이가 하나 나와 있을 거예요. 이것은 고정쇠라고 하는데 창문을 고정하기 위한 것이에요. 집을 지을 때 얼마나 세심한 배려를 했는지 알 수 있지요.

또 하나 감탄할 만한 것이 있답니다. 이로당 뒤뜰에서 다시 노락당 쪽으로 가 보면 뒤쪽으로 연결된 돌계단 위에 나무 막대기가 끼워져 있어요. 이건 고막이라고 하는데 계단 위에 신발을 벗어 놓았을 때, 신발이 밑으로 빠지지 않도록 한 것이랍니다.

고정쇠

우물
운현궁 앞쪽에 건물이 생기면서 우물이 말라 버렸어요.

북
노락당 뒤뜰에 있는 북 모형이에요.

정치적으로 대립하다

최익현의 상소

막대한 경비를 쓰는 것은 나라를 망하게 하는 일이라며 경복궁 공사를 중지하라는 내용과 나라의 경제를 위협하는 원납전 징수를 중지하라는 내용, 그리고 사대문을 지날 때 부과했던 통행세를 폐지하라는 등의 내용을 담아 올린 최익현의 글이에요. 흥선 대원군의 정치를 신랄하게 비판한 내용이었어요.

역사 속 인물들을 살펴보면 서로 맞섰던 경우를 종종 볼 수 있어요. 그중 빼놓을 수 없는 사람들이 바로 흥선 대원군과 명성 황후랍니다. 이 둘은 시아버지와 며느리 사이이기 때문에 더 흥미가 있지요. 과연 둘 사이에 어떤 사건들이 얽혀 있을까요?

우선 명성 황후는 흥선 대원군을 권력에서 물러나게 하는 데 누구보다도 앞장섰어요. 흥선 대원군은 고종 뒤에서 권력을 휘두르다가 최익현의 상소를 계기로 권력의 자리에서 물러나게 되지요. 이를 뒤에서 조정한 사람이 바로 명성 황후였어요.

명성 황후는 자신과 성이 같은 민씨들을 끌어들여 힘을 길렀어요. 이를 '민씨 정권'이라고 한답니다. 서로 정치적 관계가 이렇다 보니 흥선 대원군은 늘 명성 황후를 경계했어요. 임오군란 때 흥선 대원군은 명성 황후가 사망했다고 발표하고 장례식을 치르기도 했어요. 민씨 정권에 불만이 많은 백성들의 소란을 잠재우려고 한 일이지만 명성 황후가 다시 권력을 잡지 못하게 하기 위한 의도가 숨어 있었어요. 또한 명성 황후의 오빠인 민승호가 집에 배달된 상자를 열자 폭발물이 터져 숨지는 사건이 있었어요. 명성 황후가 이 사건의 범인으로 누구를 의심했을지는 불 보듯 뻔한 일이었지요.

이처럼 이 둘이 서로 대립하게 된 데에

는 정치적 이유 말고도 또 다른 이유가 있어요. 명성 황후가 어렵게 왕자를 낳았는데, 왕자는 날 때부터 항문이 막혀 있었어요. 명성 황후는 수술해서 살리려 했지만 흥선 대원군이 왕세자의 몸에 절대 칼을 댈 수 없다며 반대했어요. 그러고 나서 흥선 대원군이 산삼을 구해 어린 손자에게 먹였는데, 그만 죽고 말았지요. 이 사건을 두고 명성 황후는 흥선 대원군을 두고두고 원망했답니다.

또한 명성 황후와 흥선 대원군의 관계를 고종과 연관지어 말하기도 한답니다. 고종은 열두 살이라는 어린 나이에 왕위에 올랐지요. 사실 정치를 펴기 위해서는 누군가의 도움이 필요한 나이였어요. 하지만 스무 살이 넘어서도 정치를 맡기지 않으려는 아버지 흥선 대원군을 보면서 원망이 쌓여만 갔지요. 그렇다고 아버지에게 함부로 대들 수도 없는 노릇이었고요. 이때 흥선 대원군과 맞선 사람이 바로 명성 황후였어요.

이처럼 흥선 대원군과 명성 황후는 역사의 소용돌이 속에서 대립할 수밖에 없었던 숙명의 라이벌이었답니다.

가례 행사 중 처음으로 고종과 명성 황후가 마주 대하는 장면이에요.

을미사변

일본은 1876년 강화도 조약으로 조선에 발을 들여놓은 뒤 청과 경쟁하면서 여러모로 조선에 진출해 왔어요. 청일 전쟁(1894년)에서 승리한 뒤에는 개화파를 내세워 '갑오개혁'을 추진하면서 조선을 손아귀에 넣으려고 했지요. 이러한 상황에서 명성 황후는 러시아와 손잡고 일본에서 벗어나려고 했답니다. 이에 1895년 일본의 깡패들이 주한 일본 공사 미우라의 지시를 받고 밤에 경복궁에 침입했어요. 그러고는 명성 황후를 살해하고 주검까지 불태운 사건이에요.

운현궁의 역사가 담긴 곳, 유물 전시관

이제 이로당을 나와서 마지막으로 유물 전시관으로 가 보아요. 이곳은 운현궁 보수 공사 중에 나온 유물들이 전시되어 있어요.

호포법, 복식 개혁, 서원 철폐와 같은 고종 초기의 각종 개혁들과 외교의 핵심인 통상수교 거부 정책이 구상된 곳이 바로 운현궁이랍니다. 바로 이 상황들을 짐작해 볼 수 있는 유물들이 있지요.

먼저 빨간 천에 금색 글씨가 적힌 것은 상량문이라고 하는데, 예부터 집을 지을 때 대들보 속에 넣어 두는 것이었어요. 집을 새로 짓거나 고친 이유, 공사한 기간 등을 적어 놓아서

🏠 **호포법**
집집마다 나라에 세금으로 옷감을 바치도록 한 법을 말해요. 예전에는 상민만 내던 것을 흥선 대원군이 양반을 포함해 집집마다 모두 내게 했답니다.

🏠 **서원**
조선 중기 이후에 인재를 키우고 덕망 높은 조상을 제사 지내기 위해 전국 곳곳에 세운 교육 기관이에요.

나중에 다시 공사를 하거나 할 때 참고하기 위한 것이었어요.

교지는 왕의 명령을 적은 글이에요. 이 교지는 운현궁에 땅과 돈을 하사하라는 고종의 명이 적혀 있답니다.

그 외에 흥선 대원군 시기의 국내외 정세를 설명해 놓은 곳과, 신미양요, 병인양요 당시 쓰던 무기들을 전시해 놓은 것도 있어요. 그리고 이로당 뒤뜰에서 보았던 정이품송 기념비의 주인공을 모형으로 볼 수 있을 거예요. 실물은 지금 남아 있지 않답니다. 일제 시대에 잘려나가 버렸지요. 이 소나무는 왕이 어릴 때 올라가서 놀던 나무인 데다가 정2품의 벼슬까지 얻었기 때문에 사람들이 무척 신성시하게 여겼다고 해요. 그래서 지나가던 사람들이 이 나무에 대고 소원을 빌곤 했답니다. 일제 강점기에 이런 모습을 본 일본 순경이 잘라 버렸어요.

유물 전시관 전경

유물 전시관의 전시품

상량문
집을 새로 짓거나 고친 이유, 공사한 기간 등을 적은 글로 대들보 속에 넣어 놓았지요.

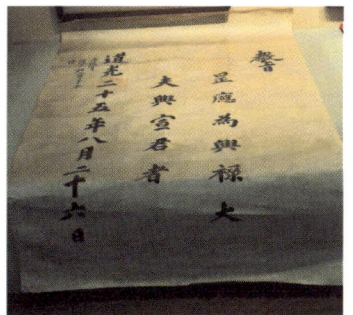

교지
왕의 명령을 적은 글을 말해요. 이 교지에는 운현궁에 땅과 돈을 하사하라는 고종의 분부가 적혀 있어요.

정이품 대부송
경송비의 주인공인 소나무를 모형으로 만들어 놓았어요.

흥선 대원군은 왜 외국에 문을 열지 않았을까?

**통상 수교 거부 정책?
쇄국 정책?**

흥선 대원군의 대외 정책을 '쇄국 정책' 또는 '통상 수교 거부 정책'이라고 해요. 어떤 차이가 있을까요? 우선 '쇄국'이라는 말에는 '문을 여는 것이 당연한데, 열지 않았다.'는 부정적인 느낌이 담겨 있어요. 바로 서양 사람의 입장에서 본 거예요. 이 말은 대원군의 외교 정책에 대해 생각할 겨를도 없이 '나쁘다'는 인상을 갖게 만들어요. 반면에 '통상 수교 거부'라고 하면, 당시 조선의 입장에서 외국과 벌이는 무역을 거부했다는 것을 의미한답니다.

"서양 오랑캐가 쳐들어왔을 때 싸우지 않으면 화친하는 것이요, 화친을 주장하는 것은 나라를 파는 일이다."

강화도에서 미국 군함을 물리치고 난 뒤 흥선 대원군이 전국에 세운 척화비에 적혀 있는 구절이에요.

당시 서구의 강한 나라들이 조선을 포함한 아시아 지역의 문을 두드린 이유는 자기 나라의 공업 제품을 수출하고 싼 값에 원료를 수입하기 위함이었어요. 이것을 통상 수교라고 하지요. 이를 두고 조선의 조정에서는 외국과 교류해서 새로운 문물을 받아 들여야 한다는 개화파와 그에 반대하는 위정 척사파가 대립하고 있었지요. 그러한 상황에서 흥선 대원군이 통상 수교 거부 정책을 선택한 이유는 무엇이었을까요?

우선은 서양에 대한 위기 의식이었어요. 세상의 중심이라고 믿던 청나라가 아편 전쟁*에서 영국군에게 패했다는 소식은 조선 정부에게 그야말로 충격이었지요. 게다가 서양 선교사들이 퍼뜨리고 있는 천주교의 인간은 누구나 평등하다는 논리는 신분제 사회인 조선의 기본을 흔드는 일이었지요. 또한 흥선 대원군은 서양 세력들이 요구하는 대로 장사를 하면 아직 공업이 발달하지 않은 조선의 경제가 어려워진다는 생각을 갖고 있었어요.

또 한편으로는 흥선 대원군 자신을 지켜야겠다는 의지도 담겨 있었어요. 흥선 대원군은 원래 천주교에 대해 호의적이었답니다. 러시아를 막기 위해 조선에 들

어와 있는 프랑스 선교사를 통해 프랑스의 힘을 빌리려고도 했지만 뜻대로 되지 않았어요. 그리고 흥선 대원군이 천주교와 접촉하고 있다는 소문만 무성하게 돌고 말았어요.

이 소문은 흥선 대원군과 양반들 사이를 더 멀어지게 하는 것이었지요. 그래서 흥선 대원군은 천주교 신자들을 박해하고 프랑스 선교사들을 처형했어요. 그리고 뒤이어 들어온 프랑스 군대, 미국 군대와도 싸워서 자신을 반대하는 세력들의 불만을 나라 밖으로 돌리려고 했던 것이에요.

흥선 대원군의 이러한 정책은 서양의 침략 의도를 파악하고 당당하게 맞선 것일까요? 아니면 조선의 발전을 그만큼 늦어지게 한 것일까요? 한번 생각해 볼 일이에요.

* 아편 문제로 청나라와 영국 사이에 일어난 전쟁이에요.

🏵 운현궁을 떠나며

　운현궁을 다 둘러보니 소감이 어떤가요?

　운현궁은 이곳을 거쳐 갔던 고종, 명성 황후, 흥선 대원군의 이야기를 담고 있는 곳이지요. 이들은 또 조선 후기 격변의 역사를 한가운데서 이끌었던 사람들이랍니다. 외세의 침입과 국내의 정치적 위기, 그에 대한 대원군과 고종의 정치, 명성 황후와 흥선 대원군의 대립과 같은 이야기도 운현궁에서 빼놓을 수 없는 부분이에요. 유물 전시관을 보면서 그때의 상황을 상상해 보면, 운현궁이 들려주는 역사 이야기가 생생하게 살아날 거예요.

　운현궁을 둘러보면서 왕의 아버지가 살던 곳이니까 궁궐 같은 화려함을 상상한 건 아닌가요? 우리 조상들은 건물 하나를 지을 때에도 깊은 의미를 담아 놓았답니다. 전통 한옥 양식을 잘 간직하고 있으면서도 '궁'이라는 이름에 걸맞게 일반 사대부의 주택과는 다른 특별한 양식들을 엿볼 수 있었을 거예요. 노둣돌부터 시작해서 처마, 기단, 대들보 등에 운현궁만의 특별함이 잘 나타나 있지요.

　운현궁은 예전에 지어진 건물이에요. 하지만, 지금도 이곳에서는 전통 예술 강좌나 공연이 수시로 열리고 있어서 사람들이 계속 사용하는 곳이랍니다. 그래서 운현궁은 옛사람들만의 공간이 아니라 현재에도 계속 살아 숨 쉬는 공간인 것이지요. 이런 식으로 옛것이 계속 우리와 공존하는 모습. 운현궁의 또 다른 매력 아닐까요?

나는 운현궁 박사!

운현궁과 인사동 주변 역사 유적들을 둘러보며 역사의 숨결과 독립 만세의 열기를 느껴 보았나요? 운현궁과 천도교 대교당, 인사동에서 탑골공원까지 실제 본 것과 책에서 읽은 내용을 바탕으로 문제들을 풀어보며 역사의 발자취를 더듬어 보세요.

❶ 이름을 지어 보세요.

운현궁을 둘러보니, 건물마다 이름이 하나씩 지어져 있었어요. 이렇듯 옛 사람들은 자신이 사는 건물의 이름을 지어 건물 앞에 걸었지요. 그 이름에 깃든 마음으로 살라는 뜻으로 말이에요. 여러분이 살고 있는 집에도 의미를 담아서 근사한 이름을 지어 보세요.

이름:

뜻:

❷ 순서대로 정리해 보세요.

운현궁을 둘러보면서 개화기의 많은 사건들을 이야기했지요? 순서대로 어떤 사건에 대한 설명인지 쓰면서 정리해 보세요.

◎ 신분 제도가 없어지다.　　　　　　　　　　　(ㅇㅇ 개혁)
◎ 명성 황후가 일본에게 살해당하다.　　　　　　(ㅇㅇ 사변)
◎ 일본과 근대적인 무역을 시작하다.　　　　　　(ㅇㅇㅇ 조약)

1. 1876년 (　　　　　　)을 체결해 일본과 근대적인 무역을 시작하다.

2. 1894년 (　　　　　　)을 실시해 신분 제도가 없어지다.

3. 1895년 (　　　　　　)이 벌어져 명성 황후가 사망하다.

보기

을미, 갑오, 강화도

❸ 십자말풀이를 해 보세요.

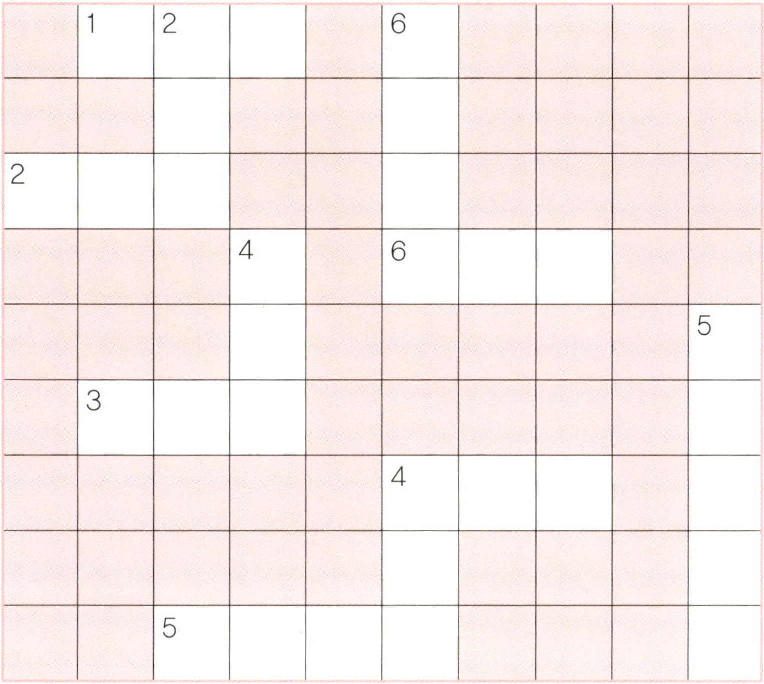

〈가로 열쇠〉

1. 조선 시대 날씨를 관찰하던 곳으로, 현대 본사 건물 앞에 있어요.
2. 흥선 대원군이 이것을 다시 짓는 바람에 백성들의 원성을 들었어요.
3. 운현궁의 안채로 쓰이던 건물이에요.
4. 여름에 문을 여기에 걸어 놓고 시원하게 지낼 수 있었어요.
5. 운현궁의 노안당, 노락당으로 들어가는 문은 대문이 아주 높아 이렇게 불러요.
6. 운현궁 건너편에 있는 옛날 물건이 많은 거리예요.

〈세로 열쇠〉

2. 흥선 대원군의 집이에요.
3. 두 노인을 위한 집이에요.
4. 용이 올라가는 문이란 뜻으로, 관직에 올라감을 이르는 말이에요.
5. 고종의 아버지로, 명성 황후와 정치적으로 대립한 인물이에요.
6. 흥선 대원군의 부인을 일컫는 말이에요.

흥선 대원군에 대한 역사 재판

흥선 대원군에 대해서 다른 방법으로 생각해 보는 시간을 가져보아요. 그 방법 중의 하나가 가상으로 해보는 역사 재판이랍니다. 역사 재판을 통해 생각하는 힘을 키울 수 있지요. 단순히 역사적 사실만을 암기하는 것이 아니라 나의 생각을 가지고 역사를 바라볼 수 있으니까요.

재판 방법

재판정에는 피고, 변호사, 검사, 판사, 배심원이 있어요. 피고는 재판의 대상이 되는 사람이에요. 검사는 피고의 잘못을 지적하면서 처벌을 요구하는 사람이지요. 반대로 변호사는 피고를 도와주는 사람이에요. 검사와 변호사는 재판을 하면서 자신의 의견을 주장하거나, 필요할 때 증인을 불러 이야기를 들어요. 이러한 과정이 끝난 후에 배심원들의 의견을 참고해 판사가 최종 판결을 하게 된답니다.

어떤 인물을 재판하면 좋을까요?

그 사람의 업적에 대해 찬성과 반대의 의견이 나뉘어 있는 사람 또는 사건을 선정해 역사 재판을 해 보세요. 예를 들면, 신라의 삼국 통일, 이성계의 위화도 회군, 흥선 대원군의 대외 정책 같은 것들이 있지요.

어떻게 준비하면 좋을까요?

우선 그 인물에 대해 공부한 다음 찬성하는 의견과 반대하는 의견을 정리해 보세요. 그런 후에 검사가 될지 변호사가 될지 결정하고 좀 더 자세히 조사해 보세요. 재판을 준비하는 것이기 때문에 상대방의 의견에 어떻게 대답할지도 준비해 둬야겠지요?

대본을 만들어 직접 재판해 봐요

정리한 내용을 모아 대본을 만들어 보세요. 대본을 쓸 때는 재판장의 분위기를 살리면 더 재미있지요. 하지만 재미만을 따르다 중요한 내용을 놓쳐 버리지 않도록 주의하세요. 검사 쪽과 변호사 쪽의 의견이 균형 있게, 조리에 맞게, 그리고 정확한 사실인지 검토해야 한답니다. 기회가 되면 친구들과 역할을 분담해 직접 재판해 보세요. 재판할 때는 상대방의 의견을 끝까지 잘 듣고 반대 의견을 말하도록 해요. 흥분해서 서로 감정 상하는 일이 없도록 조심해야 한답니다.
재판 과정을 잘 모르면 재판 장면이 나오는 영화를 보고 참고해도 재미있을 거예요.

역사 재판 대본

흥선 대원군의 통상수교거부정책

(웅성대는 사람들)

서기 지금부터 흥선 대원군의 통상 수교 거부 정책에 대한 재판을 시작하겠습니다.

재판관 검사 측 먼저 이야기하세요.

검사 흥선 대원군은 서양의 통상 요구에 문을 굳게 닫아걸어 우리의 발전을 가로막았습니다. 그 결과 일본의 지배를 받게 되었습니다. 이에 본 검사는 흥선 대원군에게 책임을 물으려 합니다.

판사 네, 계속하세요.

검사 증인 신청하겠습니다. 일본입니다.

판사 네 인정합니다. 증인 선서하세요.

일본 선서 증인은 본 법정에서 진실만을 말할 것을 선서합니다.

판사 네, 검사 시작하세요.

검사 증인은 1858년 미국에 의해 통상한 적이 있지요?

일본 네, 그렇습니다.

검사 그때 상황이 어땠나요?

일본 굴욕적이었지만 이겨 낼 수 있을 거라고 생각했습니다.

검사 어째서죠?

일본 서양을 통해 발전된 무기와 기술을 배웠으니까요.

검사 서양의 교류가 일본에 도움이 되었습니까?

일본 네, 물론 그렇습니다.

검사 서양과의 교류로 일본이 발전했다는 말이군요?

일본 네, 그렇습니다.

검사 이상입니다.

판사 변호사 측 변론 없습니까?

변호사 있습니다. 저는 흥선 대원군의 대외 정책이 그 당시로서는 최선의 선택이었다는 말씀을 드리고 싶습니다. 그와 관련하여 증인 신청합니다.

판사 인정합니다. 증인 나와서 선서하세요.

최익현 네, 저는 본 법정에서 진실만을 말할 것을 선서합니다.

변호사 최익현 씨 직업이 뭐지요?

최익현 저는 평생 유학을 공부해 온 유생입니다.

변호사 흥선 대원군의 정책을 어떻게 생각하십니까?

최익현 저는 흥선 대원군의 통상 수교 거부 정책을 지지합니다. 함부로 문을 열어 주어서는 우리 나라에 미칠 피해가 크다고 생각합니다.

변호사 이상입니다.

판사 심문 계속하세요.

검사 피고는 호포법을 실시하고 서원을 없앴지요?

흥선 대원군 네.

검사 그것은 결국 누구를 위한 정책이었습니까?

흥선 대원군 농민들을 위한 정책이었습니다. 세도 정치 때문에 백성들 사는 게 워낙 어려워서요.

검사 그럼 경복궁을 다시 지으면서 고생을 시킨 것은 도대체 누구를 위한 것이었죠?

변호사 재판장님! 검사는 재판과 관련 없는 사건을 예로 들고 있습니다.

검사 아닙니다. 통상 수교 거부 정책의 의도를 파악하기 위한 것뿐입니다.

판사 계속하세요.

검사 감사합니다. 자, 다시 묻겠습니다. 왜 백성들을 고생시켰습니까?

흥선 대원군 백성들이 고생한 것은 미안합니다만 더 좋은 시간이 기다리고 있었을 것입니다. 그런데 제가 너무 일찍 물러나는 바람에……

검사 대원군은 이미 호포법과 서원 철폐로 유생들과 사이가 멀어졌지요?

흥선 대원군 네, 그렇게 된 것 같군요.

검사 경복궁을 다시 지으면서 지지 기반이었던 농민들마저도 등을 돌렸지요?

흥선 대원군 (작은 소리로) 그런 것 같네요.

검사 그럼 대원군의 통상 수교 거부 정책은 양반 유생들의 의견을 따르면서 환심을 사기 위한 정책, 그리고 어수선한 사회 분위기를 다른 데로 돌리기 위한 정책이었다는 결론이 나옵니다. 이상입니다.

판사 변호사 더 할 말 있습니까.

변호사 흥선 대원군은 갑자기 외국 문물이 들어왔을 경우의 피해에 대해 너무나 잘 알고 있어 개항을 서두르지 않았던 것입니다. 백성들의 생활이 어려워진 것은 아무런 준비 없이 서둘러 문을 열어 준 탓입니다. 존경하는 재판장님, 그리고 배심원 여러분. 무엇이 진정 백성을 위한 길인지 헤아려 주시기 바랍니다.

제목

재판를 하고자 하는 주제를 제목으로 잡아요. 제목만 보고도 어떤 내용의 재판이 이어질지 알 수 있도록 말이에요.

증인 채택과 질문

재판에는 사건을 잘 아는 증인을 불러오는 것이 무엇보다도 중요해요. 증인을 부를 때는 사건에 검사나 변호사 입장에서 도움이 되는 증인으로 부르는 것이 재판 결과에 많은 영향을 주거든요.

증인은 법정에서 먼저 증인 선서를 합니다. 검사나 변호사는 서로 자신에게 유리한 증언을 해줄 증인을 선택하고, 법정에 세우지요. 그러면 각각 자신의 입장에 유리한 답을 이끌어 낼 수 있도록 질문을 유도합니다. 특히 반대편 증인에게서도 자신에게 유리한 증언을 끌어내도록 합니다.

재판 결과

재판의 결과는 보통 판사가 재판의 과정을 지켜본 내용을 바탕으로 내리게 됩니다. 하지만 이 역사 재판은 가상이므로 결론은 여러분 자신이 내리면 되지요. 이런 사건을 겪는다면 자신은 어떻게 했을지, 어떤 것이 옳은 판단인지 생각해 보는 것만으로도 역사 공부가 되니까요.

정답

여기서 잠깐

20쪽

24쪽 4마리
39쪽 7개

56~59쪽
나는 경복궁 박사!

❶ 빈칸을 채워 보세요.
아래는 한눈에 볼 수 있는 경복궁의 지도예요. 각 번호에 알맞은 건물의 이름을 보기에서 골라 쓰세요!

보기
광화문, 근정전, 경희루, 강녕전, 교태전, 수정전, 향원정

❶ (광화문)   ❷ (근정전)
❸ (수정전)   ❹ (경희루)
❺ (강녕전)   ❻ (교태전)
❼ (향원정)

❷ 왕을 높이는 낱말과 그 뜻을 맞게 연결해 보세요.

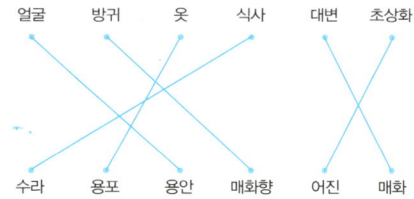

❸ 왕을 상징하는 동물은 무엇일까요?

박쥐 ( )   불가사리 ( )   봉황 (O)
황룡 (O)   백호 ( )   해치 ( )

❹ 다음 질문에 O 또는 X로 답하세요.

1) 광화문 옆 해치는 본래 사헌부를 상징하는 동물이다. (O)
2) 조선의 5개 궁궐은 경복궁, 창덕궁, 창경궁, 운현궁, 경희궁이다. (X)
3) 궁궐 지붕의 잡상은 삼국지에 나오는 유비, 장비, 관우, 제갈량 등이다. (X)
4) 왕의 침전은 강녕전, 왕비의 침전은 교태전, 세자의 침전은 자선당이다. (O)
5) 경복궁은 임진왜란 때 불타 사라져 약 270년 동안 폐허였다. (O)
6) 자경전 십장생 굴뚝은 화재 방지와 장식의 효과를 모두 갖춘 굴뚝이다. (O)
7) 아미산은 나이 드신 대비 마마를 위해 만든 계단식 화단이다. (X)
8) 현재의 경복궁은 본래 모습에서 약 10분의 1만 남은 것이다. (O)

여기서 잠깐

92쪽 어수는 (물)과 (물고기)를 뜻하는 말이에요. 물고기가 물을 떠나 살 수 없듯이 (신하)들은 (왕)의 뜻을 잘 살펴야 한다는 뜻이 담겨 있어요. 어수문은 총 3개인데 가운데 문은 (왕)이 사용했고, 양쪽 작은 문은 (신하)들이 사용했답니다.

106~107쪽

나는 창덕궁 박사!

❶ 알맞은 것끼리 연결해 보세요.

창덕궁에는 다양한 상징물들이 있어요. 이것들을 잘 살펴보고 알맞은 것끼리 연결해 보세요.

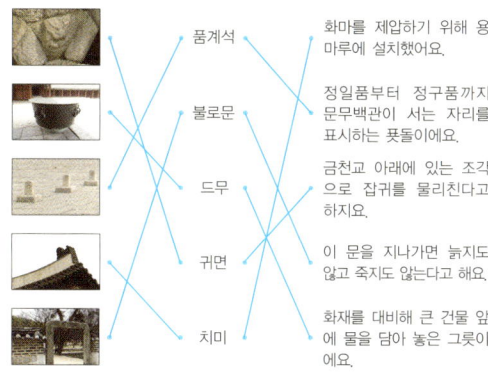

- 품계석 — 정일품부터 정구품까지 문무백관이 서는 자리를 표시하는 푯돌이에요.
- 불로문 — 이 문을 지나가면 늙지도 않고 죽지도 않는다고 해요.
- 드무 — 화재를 대비해 큰 건물 앞에 물을 담아 놓은 그릇이에요.
- 귀면 — 금천교 아래에 있는 조각으로 잡귀를 물리친다고 하지요.
- 치미 — 화마를 제압하기 위해 용마루에 설치했어요.

❷ 빈칸에 알맞은 낱말을 보기에서 골라 적어 보세요.

1) (인정전)은 창덕궁에서 가장 오래된 건물이에요.
2) 궁궐은 임금이 (집무)를 보는 공간과 개인 (생활) 공간으로 분리되지요.
3) 왕비의 침전인 대조전은 일제 강점기 때 일본인들이 (경복궁)의 교태전 틀을 뜯어 지었어요.

❸ OX 퀴즈를 풀어 보세요.

창덕궁에 대한 다음 설명을 읽고 맞으면 O, 틀리면 X로 답하세요.

1) 창덕궁은 궁이에요. (X)
2) 창덕궁 선정전의 지붕은 청기와예요. (O)
3) 대조전의 지붕에는 반드시 용마루가 있어요. (X)
4) 낙선재는 단청이 아름다운 전각이에요. (X)
5) 부용정은 부채꼴 모양의 정자예요. (X)
6) 부용지의 둥근 섬은 둥근 하늘을 뜻해요. (O)
7) 연경당은 임금님의 침전이에요. (X)
8) 옥류천에 가면 인조 임금이 직접 쓴 옥류천(玉流川)이라는 글씨가 있어요. (O)

여기서 잠깐

121쪽 1. 조선 5대 궁궐의 정문 이름에는 모두 (화)가 들어 가요. 이 글자는 번창하다는 뜻이에요.
2. 궁궐의 정문 입구문은 모두 (3)개예요. 가운데는 (왕)이 드나드는 문이고, 왼쪽은 (문신)이, 오른쪽은 (무신)이 드나드는 문이에요.

127쪽 봉황

150~151쪽

나는 창경궁 박사!

❶ 알맞은 것끼리 연결해 보세요.

궁궐 건축물 주변에는 궁궐을 상징하는 다양한 유물들이 있어요. 유물과 유물의 이름, 그 뜻을 잘 살펴보고 맞는 것끼리 연결해 보세요.

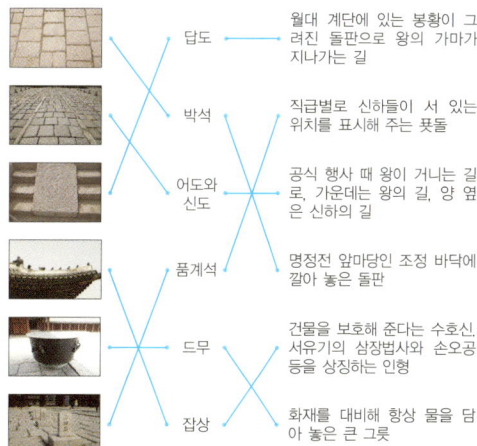

- 답도 — 공식 행사 때 왕이 거니는 길로, 가운데는 왕의 길, 양 옆은 신하의 길
- 박석 — 명정전 앞마당인 조정 바닥에 깔아 놓은 돌판
- 어도와 신도 — 월대 계단에 있는 봉황이 그려진 돌판으로 왕의 가마가 지나가는 길
- 품계석 — 직급별로 신하들이 서 있는 위치를 표시해 주는 푯돌
- 드무 — 화재를 대비해 항상 물을 담아 놓은 큰 그릇
- 잡상 — 건물을 보호해 준다는 수호신. 서유기의 삼장법사와 손오공 등을 상징하는 인형

정답

❸ OX 퀴즈를 풀어 보세요.
창경궁에 대한 다음 설명을 읽고 맞으면 O, 틀리면 X로 답하세요.

1) 창덕궁과 더불어 창경궁은 동궐로 불리던 궁궐이다. (O)
2) 창경궁의 정문과 정전이 동쪽을 향해 있는 건, 서둘러 복원했기 때문이다. (X)
3) 창경궁의 정전은 명정전, 편전은 문정전, 중궁전은 통명전이다. (O)
4) 창경원이 창경궁의 진짜 이름이다. (X)
5) 창경궁 곳곳에 우물이 있는 것은 생활공간인 내전이 발달했기 때문이다. (O)
6) 창경궁에서 탑을 볼 수 있는 것은 왕실 가족이 불교를 열심히 믿었기 때문이다. (X)

여기서 잠깐

167쪽 ③

181쪽 1. (덕홍전)
       2. (정관헌)
       3. (석조전)

188~189쪽
나는 덕수궁 박사!

❶ 현판의 글씨를 읽고 한글로 써 보세요.
다음은 여러분이 둘러보았던 덕수궁에 있는 건물의 현판들이에요. 건물의 현판에 적힌 한자를 읽고 한자의 음을 써 보세요. 한자는 오른쪽에서 왼쪽으로 읽어야 해요.

중 화 전

석 어 당

대 한 문

중 명 전

❷ 알맞은 것끼리 연결해 보세요.
덕수궁에는 여러 가지 유물이 남아 있어요. 다음 사진과 설명을 잘 읽어보고 알맞게 연결해 보세요.

정
한자로는 '鼎(솥 정)'이라고 써요. 고대 중국에서 들어온 것으로 백성들을 편안하게 하고 하늘에 복을 비는 뜻을 담고 있기도 하지요.

흥천사 종
흥천사가 불타면서 경복궁 광화문으로 옮겼다가 창경궁을 거쳐 지금 덕수궁에 보관되어 있어요.

이화장
이화는 다섯 장의 꽃잎을 가진 오얏꽃으로 대한 제국 황실을 나타내는 문양이에요.

하마비
타고 가던 말에서 내리라는 뜻을 새긴 비석이에요. 묘지 입구나 궁궐의 문 앞에 세워 두었지요. 덕수궁에도 하마비가 있는데, 원래는 대한문 밖에 있었으나 지금은 금천교 입구에 있어요.

신기전 기화차
조선 초기의 로켓 병기인 중·소신기전의 발사장치로 오늘날의 로켓과 같아요.

224~225쪽

나는 운현궁 박사!

❶ 순서대로 정리해 보세요.

운현궁을 둘러보면서 개화기의 많은 사건들을 이야기했지요?
순서대로 어떤 사건에 대한 설명인지 쓰면서 정리해 보세요.

◎ 신분 제도가 없어지다. (○○ 개혁)
◎ 명성 황후가 일본에게 살해당하다. (○○ 사변)
◎ 일본과 근대적인 무역을 시작하다. (○○○ 조약)

1. 1876년 (강화도 조약)을 체결해 일본과 근대적인 무역을 시작하다.
2. 1894년 (갑오개혁)을 실시해 신분 제도가 없어지다.
3. 1895년 (을미사변)이 벌어져 명성 황후가 사망하다.

❷ 십자말풀이를 해 보세요.

	¹서	²운	관		⁶부		
		현			대		
²경	복	궁			부		
				⁴이		⁶인	사	동
				로				⁵흥
		³노	안	당				선
					⁴등	좌	쇠	대
					용			원
		⁵솟	을	대	문			군

〈가로 열쇠〉

1. 조선 시대 날씨를 관찰하던 곳으로, 현대 본사 건물 앞에 있어요.
2. 흥선 대원군이 이것을 다시 짓는 바람에 백성들의 원성을 들었어요.
3. 운현궁의 안채로 쓰이던 건물이에요.
4. 여름에 문을 여기에 걸어 놓고 시원하게 지낼 수 있었어요.
5. 운현궁의 노안당, 노락당으로 들어가는 문은 대문이 아주 높아 이렇게 불러요.
6. 운현궁 건너편에 있는 옛날 물건이 많은 거리예요.

〈세로 열쇠〉

2. 흥선 대원군의 집이에요.
3. 두 노인을 위한 집이에요.
4. 용이 올라가는 문이란 뜻으로, 관직에 올라감을 이르는 말이에요.
5. 고종의 아버지로, 명성 황후와 정치적으로 대립한 인물이에요.
6. 흥선 대원군의 부인을 일컫는 말이에요.

창경궁 명정전

경복궁 근정전

덕수궁 중화전

창덕궁 인정전

우리들 문화 사진

드무

품계석

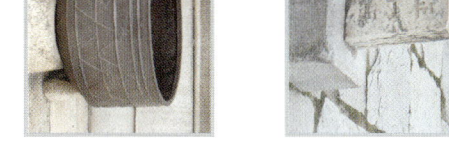
경희궁 숭정전

정

경복궁 교태전의 꽃담

운현궁 노안당

불로문

창덕궁 부용정